Lothar Böttger

Familie haben.
Dank ernten.

Lothar Böttger

Familie haben.
Dank ernten.

Anreize zum Besinnen, Sprechen und
Handeln.

Bibliografische Information der Deutschen Nationalbibliothek:
Die Deutsche Nationalbibliothek verzeichnet diese Publikation in der Deut-
schen Nationalbibliografie; detaillierte bibliografische Daten sind im Internet
über http://dnb.dnb.de abrufbar.

© 2020 Lothar Böttger

Umschlaggestaltung: Lothar Böttger
Bilder: Lothar Böttger, Pseudonym: Jonas Isen
Foto: Inka Lotz

Herstellung und Verlag: BoD – Books on Demand, Norderstedt

ISBN: 9 783751 997270

Vorwort

Gewiss haben Sie schon erlebt, dass Sie sich in der Familie und an der Arbeit viel Mühe gegeben haben und Undank ernteten. Empfangener Dank von der Familie, den Kindern, den Eltern, Kollegen und Vorgesetzten spornt Sie an, weiter an sich zu arbeiten und Nächstenliebe gedeihen zu lassen.

Wer hat Ihnen schon gesagt: „Du hast mein Herz erfreut." „Der Dank ist Dir gewiss." „Danke, dass Du jetzt da bist." „Herzlichen Dank für Ihren Beistand." „Das war knochenhart und gut." „Gott sei Dank!" Lassen Sie sich gerne was sagen? Eigentlich doch nicht... oder? Jedoch Sie können ein Thema, eine Aufgabe oder ein Problem mit den Nächsten besprechen, sich Meinungen anhören und dann selbst entscheiden, was für Sie und die Familie gut ist.

Hierfür werden Sie mit Gedanken von Kindern, Jugendlichen, Lehrern, Eltern und anderen konfrontiert. Rückblicke auf die selbst erlebte Erziehung helfen, sich selbst besser zu verstehen und Gespräche zu führen. Für diese Familienstunden werden Methoden des Moderierens mit Beispielen veranschaulicht, die auch Sie zum Stärken der Nächsten ermutigen und befähigen.

Somit ist dieses Buch eine Fundgrube zum Miteinandersprechen über das familiäre, schulische, berufliche und politische Leben.

Beim Lesen werden Sie jetzt mit dem Du angesprochen.

Eltern verstehen

Es gibt Situationen, in denen dir das Verstehen der Eltern leichtfällt, jedoch auch solche, die dich mehr oder weniger vor Rätsel stellen. Was dir leicht fällt, wird schnell vergessen sein, wird rasch als ganz normal und selbstverständlich betrachtet. Dazu gehörten, dass du täglich von ihnen ernährt wurdest, hin und wieder neue Kleidung bekommen hast, ein eigenes Bett und ein warmes Zimmer hattest. Im Zimmer häuften sich Dinge, die Mama und Papa erarbeitet haben. Und wenn dies einmal nicht so war, fragtest du dich: „Was ist denn los?" „Was soll denn das?"

Das Verstehen kann bröckeln, in Unverständnis ausarten, Konflikte schüren und deine Beziehung zu den Eltern vergiften. Gelingen dir jedoch vernünftige Gespräche, gewinnst du Erkenntnisse, die das Verstehen zwischen dir und den Eltern gedeihen lassen.

Selbstverständlich wird es oft immer Situationen und Dinge geben, die dir ein ständiges Rätsel bleiben. Und das ist auch gut. Jeder hat seine Geheimnisse, die er mehr oder weniger pflegt. Schreibe dir doch einmal einen Brief zu der Frage:

„Wie sehen mich meine Eltern?"

Sind dir schon einmal folgende Worte zu Ohren gekommen? „Ich kenne dich!" „Von dir habe ich nichts anderes erwartet." „Du bist unerträglich!" „So musste es ja kommen." „Wir tun doch alles für dich!" „Ich habe doch schon hundertmal gesagt, dass du..." „Wir meinen es doch nur gut." „Du bist unser Schatz."

Machen Eltern immer alles richtig? Wollen sie dich ermutigen? Wollen sie dir Grenzen aufzeigen? Können sie dich immer genau kennen? Ist es nicht langweilig, wenn man einen anderen Menschen genau kennt oder zu kennen glaubt? Ist es nicht gerade interessant, an anderen Personen, auch an Eltern und Geschwistern, immer neue Seiten zu entdecken? Denn so, wie du dich oft veränderst, verändern sich andere auch. Das ist immer eine spannende Sache, die das Leben bereichert.

Erinnere dich an Beispiele von einst und heute, in denen du dich fragtest:

> *„In welchen Situationen habe ich mich so verhalten,*
> *wie es die anderen von mir kennen?"*
> *„In welchen Situationen habe ich mich so verhalten,*
> *dass andere über mich verwundert waren?"*

Wer hat dir schon einmal gesagt: „Über dich können wir uns freuen." „Du bist hilfsbereit." „Du hast dich grandios durchgesetzt." „Du bist unsicher." „Du passt dich immer an." „Du bist ein Ja-Sager." „Du fühlst dich als die/der Größte." „Du bist gemein." „Dein Verhalten ist einfach gottlos!"

Und wie bist du damit umgegangen? Hast du dir das nur angehört? Hast du gejubelt? Hast du widersprochen? Hast du angefangen, dich zu rechtfertigen oder zu verändern?

Entdecke dich selbst!

Nimm ein Stück Papier und zeichne dich vom Kopf bis zu den Füßen einmal in Frontal- und dann Seitenansicht. In die eine Zeichnung schreibst du:

„So bin ich!" und in die andere: „So werde ich gesehen!"

Hierbei wirst du erleben, dass es nicht einfach ist, sich stets richtig zu verstehen und vor allem wirst du spüren und erkennen, wie schwer es ist, sich selbst zu kennen. Nun zum Verstehen von Mama und Papa einige **Gesprächsthemen**, die dich und deine Familie zum Sprechen und Nachdenken anregen sollen.

Eine alleinerziehende Mutter von zwei Kindern im Alter von elf und fünfzehn Jahren arbeitet im Schichtbetrieb als Kassiererin im Supermarkt. Der Elfjährige besucht wie seine Schwester das Gymnasium. Beide lernen recht erfolgreich. Aber in den Ferien wollen sie nicht immer aufs Land zu Oma und Opa. Besonders die Große möchte wie ihre Freundinnen mal vereisen und andere Länder kennenlernen. Ebenso, wie sie es bei anderen Schülern sieht und hört.

Eine Mutter bekommt unerwartet von einer Kommilitonin Besuch. Die Kinder springen zum Gartentor. Nach der Umarmung sagt sie: „Der Große ist Karl- Friedrich, das ist Maria mit der Schwester Elisabeth und der 8-Jährige schreit: „Ich bin Jonathan!"

Eine andere Mutter sagt: „Das sind meine Kinder." Somit stellt sich die Mutter vor! Sind Kinder Besitz?

Ein fast sechzehnjähriges Nesthäkchen mit drei erwachsenen Geschwistern ist seit neun Wochen schwanger. Und das nach einer Übernachtungsparty mit Alk und Drogen. Ihre Eltern haben die Karriereleiter mit Mühen erklommen und sehen sich für sehr viele Mitarbeiter verantwortlich. Eine Abtreibung will die Tochter nicht. Diese Ehrfurcht vor dem Leben schätzen die Eltern. Sie wissen aber nicht, wie es weitergehen soll.

Eine Oma erzählte ihrem 33-jährigen Enkel, was sie und ihr Mann in der DDR alles erleben mussten. Unser Telefon wurde von der Abteilung 26 des MfS überwacht und unsere Post wurde gelesen. Geheime Wohnungsdurchsuchungen erfolgten und ‚Wanzen' wurden installiert. Worauf ihr Enkel erwiderte: „Heute werden von Staatstrojanern Laptops durchstöbert, Nachrichten mitgelesen, Gespräche mitgehört und Computerkameras werden aus der Ferne aktiviert. Und all das zur ‚Terrorismus-Abwehr'. Wir sind alle gläsern!"

Eine Familie entdeckt im August nach einer langen Tageswanderung ein großes Waldameisennest. Sie setzen sich auf einen alten Baumstamm und die Mutter erzählt:
„Hier lebt eine Königin mit ihrem Männchen und bis zu 600 000 Arbeiterinnen. Sie trugen Blätter und Zweige zum Nestbau zusammen und sind jetzt fleißig auf Nahrungssuche. Nachts verschließen sie das Nest und halten Wache. Oh, Natur!"

Dann fragte sie sich: „Was kommt wohl politisch auf unsere Kinder zu? Da gibt es Politiker, die nur an ihre Macht denken, das Volk belügen, betrügen und verdummen, von Demokratie reden, die Freiheit loben und sich göttlich fühlen., Kinder, Kinder, was kommt auf euch zu... 2,8 Millionen Kinder sind in Deutschland von Armut betroffen und immer mehr landen auf der Straße." Worauf das neunzehnjährige Sandwichkind fragt: „Warum demonstriert ihr nicht?"

„Von den im Nov.2019 ca. 3.8 Millionen erwerbsfähigen Hartz-IV-Empfängern sind etwa 1,2 Millionen ohne Berufsausbildung. Die Anzahl der Deutschen sinkt, jedoch die der Ausländer steigt drastisch. Wo bleibt die Integration? Die Obrigkeit versagt, missachtet das Wohl des deutschen Volkes", sagt ein Meister seinem Sohn. Er antwortet: „Ja, meine Freundin Alia spricht deutsch, ist eine beliebte Krankenpflegerin und will- wie ich- ein duales Studium aufnehmen."

Ein wahrer Übervater muss erleben, wie sein Sohn nach dem Jurastudium in die Drogenszene abrutscht. Oft denkt er an Georg Trakl, der sich 27- jährig im Kriegsdienst mit einer Überdosis Kokain das Leben nahm. Und heute verdienen Drogendealer an Obdachlosen.

Eine Achtzehnjährige will Psychologie studieren. Nun fragt sie sich, wer sind wohl in diesem Tunnel die Obdachlosen mit erbärmlichen Habseligkeiten? 48 000 leben auf der Straße. 650 000 Menschen sind wohnungslos. Alles Schätzungen! Statische Erfassung ab 2022. Aber die Anzahlen steigen täglich! Was denken wohl die Migranten über die Obdachlosen? Und was meinen die Obdachlosen zu den Migranten?

Großeltern diskutierten mit ihren Kindern und Enkeln. DDR überlebt. Westkontakte gepflegt. Wiedervereinigung erlebt. Und was
prasselt nun ständig auf uns ein? Sind es nicht auch die Themen: Migranten mit Kindern wollen in das „kapitalistische" Deutschland. Warum? Um im demokratischen Sozialismus zu leben? „Die Linke"
träumt von einer blutigen Revolution, Erschießung der Reichen,
FDJ- Demos gegen Kapitalismus und für Sozialismus…?

Ein IT-Experte achtet streng darauf, dass seine vier Kinder viel miteinander sprechen und nicht Opfer der Smartphone-Sucht werden.
Denn er kennt die gesundheitlichen Gefahren der elektromagneti-
schen Felder (EMF.) Das Miteinandersprechen wird in der Familie
täglich gepflegt. Und das Handwerkern hat goldenen Boden!

Zur Goldenen Hochzeit fragte sich ein Ehepaar, können unsere Kin-
der verstehen, welche Menschen uns in schwierigen Zeiten wichtig
waren, Mut gaben und Sinn stifteten?
Es pflegte persönliche Kontakte mit Künstlern, die sich nicht der
Staatsideologie unterordneten. Genannt seien Gerhard Altenbourg,
Roger Loewig, Rudolf Franke und Diether Schmidt, der Kunsthisto-
riker wurde von der Stasi verhaftet und der Freikauf erfolgte durch
Helmut Schmidt.
Gerne zeigte Herr Franke in seiner kleinen Neubauwohnung Originalgrafiken von Georges Braque und Marc Chagall. Heute freut sich
das Ehepaar, im Internet unter **„boheme und diktatur in der ddr"**
lesen zu dürfen, dass Franke den Jahreswechsel am liebsten mit Braque und einer gut temperierten Unstrut - Wein feierten.

Und von dem Gründungsmitglied der **„Erfurter Ateliergemein-schaft"**, Herrn Franke, erhielten sie für wenig Geld „Jahresgaben" mit signierten Originalgrafiken von unangepassten Künstlern.

Dazu ein Blick in die Jahresgaben von 1966 und 1967: R. Franke, „Die Eisheiligen", G. Altenbourg, „Versuch einer Beziehung (vielleicht an einem untauglichen Objekt?)" und R. Loewig „In den Gittern des Frostes"

Das Angermuseum Erfurt erhielt 2004 die wertvolle Kunstsammlung von Rudolf und Ilse Franke mit Arbeiten von Erich Heckel, Lovis Corinth, Alfred Kubin, Max Pechstein, Max Beckmann, Josef Albers, Lyonel Feininger, Paul Klee, Pablo Picasso, Otto Dix, HAP Grieshaber und vielen anderen. Diese Schenkung umfasst rund 14 000 Grafiken.

Eine 40-Jährige kaufte sich in einer Buchhandlung von Emil Nolde ein Mädchenporträt. Sie fragte ihren Vater: „Was meinst denn du zu dem Bild?" Und er schrieb ihr:

„Sie schaut ruhig nach unten. Ihre Lippen sind nicht zum Sprechen bereit. Was ist schon alles Irdische, alles ist Wind. Er zieht vorüber und lässt ihre Haare leicht wehen, ihre Gedanken beim Betrachten,

Staunen und Besinnen bleiben beim Schauen nach unten ihr Geheimnis.

Das ist doch eine Zufriedenheit mit ihrem Leben. Denn oft blickt man bei allen Herausforderungen des Alltags nach vorn. Sei es beim Arbeiten, Fahren auf der Autobahn, dem Sehen des Gegenübers oder das Erfreuen an den kleinen und großen Wundern der Natur.

Diesen langen Weg mit auf und ab zeigt das Blau im Hintergrund bis zu ihrem Herzen.

Doch hinter ihrem Kopf ganz oben wird das Gelb durch Gedanken, Erlebnisse und Wünsche durch kräftiges Rot und Grün deutlich und Zufriedenheit mit sich selbst lässt Hoffnung und Dankbarkeit nicht missen. Das geschieht beim Anblick eines Babys oder einer Hornisse, deren Flugweg unbegreiflich bleibt. Ist ein Baby erwachsen, sollte man es meiden. (frei nach Arthur Schopenhauer) Oder… Zufriedenheit mit dem Leben vorleben.

Natürlich blickt man nicht nur nach unten oder nach vorn. Im Leben blickt man nicht selten, auch unbewusst nach oben. Sei es das Bewundern der Sterne in der Nacht oder am Tag das Bewegen der Wolken, die sich entfernen, nähern, zusammenfügen und auch mit etwas Fantasie Gesichter entdecken lassen. Angenehme, grauenhafte, fröhliche und rätselhaft.

Das Blicken nach unten mit Ehrfurcht öffnet, begleitet die Wege in den Alltag und die Ferne.

Dies ist auch eine Selbstfindung. Denn oft kennt man sich nicht und steht sich selbst im Wege."

Und sie antwortete: „Deine Worte sind wunderbar. Ja, deshalb habe ich das Bild in mein Herz geschlossen."

Ein einstiger Hauptschüler und nun bei den Schülern beliebter Hausmeister eines Gymnasiums sitzt in der Corona- Krise zu Hause und versteht die Welt nicht mehr. Er fragt sich: Warum wurden Rosenmontagszüge mit Tausenden Jecken erlaubt? Rasant stiegen Infektionen! Ist das eine politische Inszenierung? Was würden mir die Schüler sagen? „2017/2018 gab es in Deutschland 25 000 Grippetote ((RKI) und bis 19.Aug.2020 9 314 Corona-Todesfälle! (Wikipedia)."

Eine 79-jährige Reiseleiterin hat die Licht- und Schattenseiten der Welt erlebt. Gerne führt sie mit ihrer 38-jährigen Freundin geistreiche Gespräche über Kunst, Literatur, das Leben der Menschen in den unterschiedlichen Kulturen und Familientraditionen. Die kinderlose Freundin sagte: „Ja, der Sinn des Lebens besteht doch darin, Kinder zu kriegen und das Leben weiterzugeben und nicht nur zu arbeiten." Daraufhin zitierte die Reiseleiterin Rabbi Bunam:

„Die große Schuld des Menschen ist, dass er in jedem Augenblick
die Umkehr tun kann und nicht tut."

Und sie fügte hinzu: „Nun ist es wohl für dich zu spät. Arbeiten um zu leben macht Sinn und nicht umgekehrt. Jedoch! Deutschland braucht eine familiengerechtere Politik, denn die Geburtenrate geht deutlich zurück, und keine Entmündigung durch staatliche Pläne und keine unkontrollierte Masseneinwanderung!"

Ein Handwerker fragt seinen Sohn: „Na, was druckst jetzt wieder aus?" Der 18-Jährige sieht ihn an und sagt: „Mein Kunsterzieher zeigte in der **JF 26/20** der Geschichtslehrerin das Kirchenfenster ‚Oligarchensozialismus' mit Mark Zuckerberg, Jeff Bezos und Bill

Gates. Heftig diskutierten sie über ‚Oligarchensozialismus' sowie ‚Die Welt im Zwangsgriff der Milliardäre'. Da musste ich jetzt im Internet nachsehen und mir zum stillen Lesen und Nachforschen einige Seiten ausdrucken." Papa lächelte und sagte sich: „Mein Sohn gehört zu den Menschen, die Antworten suchen."

„Familie festigen. Dank ernten" war bei einem abendlichen Sprechen das Thema. Die 17-Jährige fügte zwei Horror- Informationen zum Babyhandel und zur Organmafia hinzu. Sie sagte:
„In Nigeria werden für ‚Adoptiveltern' Kinder regelrecht produziert. Täglich zehn Kinder. Für 2 000 Dollar werden Mädchen und 2 500 Dollar werden Jungen verkauft.
Und die Organmafia gibt es weltweit, auch in Deutschland. In der Türkei wurden einst 17 000 Kinder vermisst und die ‚Welt' berichtete 2016, dass 5 000 Flüchtlingskinder vermisst wurden, einige tauchten wieder auf. Was sind das für Menschen, die das tun?"

Das waren einige Gesprächsthemen. Wenn du dich bei deinen Freundinnen/Freunden und anderen Familien umschaust, wirst du noch viele andere Probleme entdecken. Nutze doch einfach einmal dieses oder jenes Beispiel, um es mit deinen Eltern zu besprechen. Sie haben dazu auch ihre Meinung. Sie werden sich dann offenbaren, ihre Gedanken preisgeben und euer gegenseitiges Verstehen möge eine dankbare Aufgabe bleiben.

Dein Familienbild kann sich bestätigen, verändern oder neue Fragen aufwerfen. Und was hast auch du schon thematisiert?

Kinderwünsche, Elternängste und Elternerwartungen

Nun erhältst du zum Verstehen der Eltern einige Fragen und Aufgaben zu Kinderwünschen, Elternängsten und Elternerwartungen.

CHRISTIAN OBERLISTET   DENKOENIG

Deine Schultüte gehört schon lange Zeit zur Vergangenheit. Irgendwann hast du gewiss eine Puppe oder einen Teddy zum Zerlieben geschenkt bekommen. Viele Schuljahre, die Ausbildung oder das Studium hast du schon mit vielen Höhen und Tiefen hinter dir. Du hast bereits eine Familie oder willst eine gründen.

Es ist wenig hilfreich, sich stets zu fragen, war ich gewünscht, ungewollt, angenommen oder vertauscht. Entscheidend bleibt die empfangene Liebe.

Kinderwünsche können Eltern zur Verzweiflung bringen oder wahrlich erbauen.

Bedenke einmal deine erfüllten und versagten Wünsche:

„Welche haben sich erfüllt?"
„Welche sind dir heute noch so richtig wichtig?"
„Welche blieben dir versagt?"
„Welchen trauerst du heute noch nach?"
„Welche unerfüllten Wünsche haben dich zu anderen
Erkenntnissen und Einsichten geführt?"
„Und was sagen dazu jetzt deine Eltern?"
„Welche Wünsche hast du dir ganz allein erfüllt?"
„Bei wem durftest du dich bedanken?"
„Und welche Wünsche hast du jetzt?"

Notiere dir doch einmal deine **persönlichen Wünsche für das nächste Jahr.**

Diesen Wunschzettel steckst du in einen Briefumschlag, darauf schreibst du ein „Passwort" mit dem Datum und dann versteckst ihn an einer besonderen Stelle. Zu gewissen Zeiten und Anlässen nimmst du ihn in Hand und fragst dich: „Wie weit bin ich gekommen?" Falls es nötig ist, fügst du Korrekturen durch.

Eltern wissen, wie sich Kinder und Jugendliche über erfüllte Wünsche freuen. Jedoch alle Wünsche können sie nicht erfüllen. Eltern sind kein Fass ohne Boden. Auch sie können nicht stets aus dem Vollen schöpfen. Besonders dann, wenn hierfür Geld nötig ist, jedoch vor allem, wenn die Kräfte der Eltern schwinden.

Eine von Mama selbst geformte und bekleidete Puppe oder vom Papa mit dir gebautes Spielzeug wird dir bestimmt mehr am Herzen liegen als die vielen gekauften Dinge, die du bereits vergessen hast. Nicht zu vergessen sind gemeinsame Erlebnisse. Erinnere dich an eine Wanderung, einen besinnlichen Familienabend, eine gemeinsame Fahrradtour oder anderes und male davon ein Bild. Zu gegebenem Anlass übergibst du es. Hierbei werden für dich und die Eltern Erinnerungen wach, die erbauliche Gespräche fördern.

Eltern haben, wie die Familiensituationen bereits zeigten, Ängste. Hinterfrage auch mal die Ängste deiner Eltern. Gewiss hatten sie Angst, wenn du dich als Säugling verschluckt hast, das erste Mal allein zur Schule gelaufen bist, Ärger mit Schülern und Lehrern gehabt hast, sehr spät nach Hause gekommen bist, mit dem Auto das erste Mal in ein Schneechaos geraten bist, Liebeskummer hattest...

Das solltest du erst einmal für dich fortsetzen!

„Welche Ängste haben deine Mama und dein Papa?"
Zeichne ein Porträt von der Mama und dem Papa. Schreibe dann zu den Augen, Ohren, zum Mund und auf die Stirn die Ängste, die sie sehen, hören, ansprechen und denken.

Formuliere anschließend für Mutter und Vater Fragen zum Interviewen. Zum Beispiel:

„Welche Ängste habt ihr zurzeit bei mir?"

„Was erwartet ihr von mir?"

„Was sollte ich mehr tun?"

„Womit erfreue ich euch?"

„Wie seht ihr meine Zukunft?"

„Welche Fragen habt ihr jetzt an mich?"

Achte beim Interviewen darauf, wer zuerst antwortet. Bedenke zum Schluss rasch dankende Worte und teile deine Meinung mit. Frage auch nach, was nochmals besprochen werden muss. Und vergiss hierbei nicht, für Eltern bleibst du ein Leben lang ihr Kind! Sie machen sich um dich noch Sorgen, auch wenn du über fünfzig bist.

Ängste, darauf sei noch verwiesen, sind normal, ja lebensnotwendig. Sonst würdest du unbekümmert über die Straße laufen. Ängste haben eine Schutzfunktion. Jedoch übertriebene Ängste hemmen das Leben, bremsen einen aus, wenn man besonnen ein Ziel verfolgen will.

Frage dich, haben deine Eltern berechtigte oder übertriebene Ängste?

Diese Frage ist nicht leicht zu beantworten. Eltern fühlen und sehen sich für Kinder verantwortlich. Wenn sie glauben, etwas falsch zu machen oder selbst unsicher sind, werden sie von ihrem Gewissen geplagt. Frage doch einmal Mutter und Vater, welche schlaflosen Nächte du bei ihnen schon ausgelöst hast!

Zum Verstehen der Ängste der Eltern sei kurz auf die Begriffe Verantwortung und Gewissen eingegangen.

Begib dich dazu gedanklich in einen Einkaufsbummel. Ein richtiges Ziel hast du nicht, du betrachtest die Passanten, siehst in die Fenster und schlenkerst durch jenes und dieses Geschäft. Dann gönnst du dir einen Eisbecher, ein Getränk oder ein Essen. An der einen Straßenecke stehen zwei junge Menschen. Sie spielt Geige und ihr Partner Oboe. Und vor dem Rathaus sitzt mit einem Hund ein Bettler in armseliger Kleidung auf einer Pappe. Wem gibst du Geld? Das ist eine schwierige Frage. Ist es verantwortungsvoll Bettlern Almosen zu geben?

Denn wer ist wirklich ein echter Bettler und wer gehört zur Bettelmafia? Erinnert sei jetzt auch an die rapid steigende Anzahl der Obdachlosen, Pfandflaschen-Sammler (Studenten und Rentner) sowie Millionäre und Milliardäre! Und wie ist das mit den Musikanten?

Deine Eltern fühlen sich für dich verantwortlich, sie sind für dich verantwortlich. Sie haben in ihrem Leben Dank und Undank geerntet. Sie wollen dich vor Gefahren bewahren. Das ist gut gemeint, funktioniert jedoch nicht immer. Du hast bereits erlebt, wenn bei dir etwas richtig schiefgelaufen ist, wirst du denselben Fehler nicht noch einmal machen. Aus Fehlern lernt man, wenn man klug ist. Nicht umsonst spricht man vom Lob des Fehlers!
Eine Überbehütung schränkt dich ein, selbst Erfahrungen zu sammeln. Sprich über deine selbst gemachten Erfahrungen mit den Eltern. Dann kannst du dir vielleicht auch sagen, sie hatten ja Recht oder ihr könnt gemeinsam darüber lachen, wenn es nicht ganz so schlimm, einfach blöd war.

Ein jeder hat seine Erwartungen an sich und andere. Empfangen hast du von deinen Eltern für deine Erwartungen Verhaltensweisen, Gewohnheiten, Ansichten und Denkweisen. Viele wirst du angenommen haben, die dir gar nicht immer so bewusst sind. Gewiss waren auch einige dabei, die nervten, wehtaten, frustrierten und Wut auslösten.

Viel schwieriger ist es, mit den eigenen Schwächen, Unzugänglichkeiten und Hindernissen umzugehen, die an den persönlichen Erwartungen nagen. Werden Erwartungen falsch eingeschätzt, dann kommt es zu Erwartungsfehlern. Das betrifft besonders zu hohe und zu geringe Erwartungen. Eltern, Lehrer und Vorgesetzte erwarten Erfolge. Denn sie wissen, Erfolgserwartungen stärken die Leistungsmotivation, Misserfolgserwartungen dagegen nicht. Natürlich erfordert das, die Erwartungen real einzuschätzen. Strohfeuererwartungen sind rasch erlöschen. Erinnere dich bei zu hohen oder geringen Erwartungen an glückliche Momente. Dazu gehört vor allem der Dank für dein Leben, welches du geschenkt bekommen hast.

Erinnere dich doch einmal an Bilder mit Kindern von Pieter Bruegel sowie Hans Thoma und notiere:

„Welche Verhaltensweisen erwarten deine Eltern von dir?"

Schüler einer 10.Klasse trugen dazu zusammen: Teilnahme an Aufgaben der Eltern, höflich, eigenverantwortlich, besonnen, hilfsbereit, zufrieden, spontan, taktvoll, strebsam, bescheiden, sparsam, überlegt,

22

sportlich, ernsthaft, leistungsstark, gewissenhaft, nicht nachtragend, offen für Kritik, umsichtig, dankbar, freundlich, aufmerksam, rücksichtsvoll, humorvoll, kritisch, robust, ehrlich, einfühlsam, fleißig, bedacht, christlich, leistungswillig, gehorsam und kreativ.

Und welche Verhaltensweisen empfängst du von deinen Kindern?
Setze dich dann mit deinen Verhaltensweisen auseinander!
Frage dich dabei, welche deine Kinder übernommen haben?

Lege dazu, wie es die Schüler auch getan haben, deine Hand mit weit gespreizten Fingern auf ein Blatt Papier und zeichne den Umriss darauf. Über deinen Daumen schreibst du deine stabilen Verhaltensweisen, über deinen Zeigefinger jene, die deine Eltern von dir erwarten, über den Mittelfinger platzierst du Verhaltensweisen, die du gut annehmen kannst, über den Ringfinger Verhaltensweisen, an die du dich binden möchtest und über den kleinen Finger jene, die nicht zu dir passen!

Wenn du einmal nicht genau weißt, wie du dich verhalten sollst, dann balle deine Faust fest zusammen und öffne diesen oder jenen Finger und frage dich, welche Verhaltensweise ist jetzt nötig!

Das ganze Produkt kannst du irgendwo in der Wohnung aufhängen und darauf warten, bis du darauf angesprochen wirst. Dies wird gewiss der rechte Moment sein, um über deine Verhaltensweisen mit den Eltern zu sprechen.

Falls es dir noch gelingt, dass Mama, Papa oder Schwester und Bruder, deine Partnerin, dein Partner oder deine Kinder sich auch dieser Aufgabe stellen, dann bist du spitze!

Dazu sei dir zum Innehalten das Leben der Schülerin Rebekka Kurzbach stark gerafft vorgestellt. Sie besucht das Staatliche Spezialgymnasium für Sprachen in Schnepfenthal. Als Zwölfjährige erlebte sie in der Erfurter Synagoge ihre Bat-Mitzwa- Feier. An der alten Salzmannschule lernt sie fleißig Englisch, Latein und Chinesisch.

Dank ihrer ukrainischen Mutter spricht sie Russisch und bei dem Rabbiner paukt sie Hebräisch. Als Mitglied des Philharmonischen Kinderchores tritt sie bei „Hänsel und Gretel" auf und spielt in „Carmen" ein Straßenkind. Bei Rebekka vereinen sich dank ihrer Erziehung vorzügliche Begabung, Intelligenz, Fleiß und vor allem Pflicht.

Sie ist eben eine *„Tochter der Pflicht".*

Lieben lernen

Eltern haben dir ein gutes Zuhause gegeben. Sie hoffen, dass du alles viel besser machst als sie. Oft wissen Mama und Papa auch nicht immer, was gut und richtig ist. Kinder orientieren sich an den Eltern, wenn sie vor neuen Aufgaben und Problemen stehen.

Stelle dir einmal vor, nach einer fehlerhaften Lösung eines Problems sagt ein Kind dem Vater: „Du warst mein Vorbild." Er erwidert: „Ich bin dafür kein Vorbild. Ja, bei meinen Schwächen. Du hast ein Bild von mir und ich versuche, mir ein Bild von dir zu machen. Ich bin hierfür wirklich kein Vorbild. Manchmal ertappe ich mich auch als ein Schreckbild.

Dann zweifle ich an mir, sehe nur noch schwarz, habe Gewissensbisse und versuche, mit mir ins Gericht zu gehen. Wenn du mich als Schreckbild entdeckst, dann sage es mir. Ich will dich nicht enttäuschen. Ein Gespräch mit dir wird mir hilfreich sein, mich aufbauen, um unsere Beziehung gut zu wahren und zu pflegen."

Du stehst mit beiden Beinen fest im Leben. Manchmal, sei es in der Schule, in der Familie, im Beruf oder mit dir selbst, eben nicht. Dann rappelst du dich auf, bis du alles wieder im Griff hast. Hierbei hast du deine Eltern oft im Hinterkopf. Du erinnerst dich an Zeiten, in denen du deine Beine unter ihren Tisch gestellt hast. Du liebst deine Eltern und willst sie nicht enttäuschen. Aber auch sie haben sich in den Jahren verändert. Manches kommt dir dann bei ihnen neu oder gar irgendwie fremd vor. Deine Eltern lieben dich. Und liebst du dich? Das ist nicht immer selbstverständlich. Bereits im Alten Testament (3. Mose 19,18) steht geschrieben:

„Du sollst deinen Nächsten lieben wie dich selbst."

Was steckt wohl hinter diesem Thema? Wie ist denn das gemeint? Verlasse für einen Moment diese Worte. Frage dich, was könnte einen Menschen veranlassen, zu sich zu sagen:

„Ich hasse mich."

Nicht zu jeder Gelegenheit werden andere bereit sein, sich zu diesem Gedanken zu öffnen. Um andere nicht zu blamieren oder gar anzugreifen, sei folgendes Vorgehen empfohlen.

Das Thema „Ich hasse mich!" wird für 4 bis 7 Teilnehmer auf einen Flipchart-Bogen geschrieben. Jeder erhält einen Marker und zwanglos um den Tisch laufend notiert jeder dazu Gründe. Hierfür hat die Gruppe fünf Minuten Zeit. Gesprochen wird hierbei nicht! In weiteren fünf Minuten - in denen ebenfalls geschwiegen wird - erfolgt eine Art Draufsicht auf das Produkt und zugleich eine stille Meinungsbildung. Jeder darf die Aussagen der anderen unterstreichen, durchstreichen, mit einem Frage- oder Ausrufezeichen versehen, Verbindungslinien ziehen oder Worte hinzufügen.

Nach diesem *„Stummen Schreibgespräch"* soll dann über das Ergebnis gesprochen werden. Falls sich nach diesem Experiment ein Gesprächspartner persönlich öffnet, muss unbedingt darauf geachtet werden, dass nicht seine Person angegriffen wird, denn jeder ist so wie er ist. Letztlich ist auch jeder daran interessiert, sich selbst zu bestimmen. Verhaltensweisen können und sollen debattiert werden. Einen Menschen kann man nur schwer ändern. Jeder muss sich selber mit seinen Stärken und Schwächen annehmen und sich selbst lieben lernen. Denn nur wer sich selber liebt, kann auch andere lieben.

Das Bearbeiten des Themas *„Ich liebe mich."* könnte in der Familie mit Kindern und Bekannten auch recht interessant werden.

Nutze hierfür eine günstige Situation und erzähle von dir ein fröhliches Beispiel. Ja, warum liebe ich mich? Dazu einige Meinungen von jugendlichen Schülern:

Weil ich schön bin, rasch Aufgaben löse, Geschmack habe, großzügig bin, einen muskulösen Körper habe, bewundert werde, eine sehr gute Figur habe, charmant bin, Fehler schnell entdecke, intelligent bin, bedacht Kontakte knüpfe; weil ich erfolgreich bin, kreativ arbeite, musikalisch bin, mich andere mögen…Bestimmt passen einige Gründe nicht zu dir.

Dann streiche sie durch und füge andere hinzu!

Nutze als Gruppenspiel für 8 bis… Teilnehmer die *„Stille Post"*. Für jeden zweiten oder dritten Teilnehmer werden Karten ausgegeben. Die Kartenbesitzer schreiben einen Grund auf, warum sie sich lieben. Dann wandern die Karten im Uhrzeigersinn und jeder fügt einen weiteren Grund hinzu. Derjenige, der eine Karte mit fünf Aussagen hat, behält diese. Zum Schluss lesen die Kartenbesitzer die gesammelten Gründe vor. Weitere Gespräche können folgen.

In der Philosophie gibt es die beiden Begriffe **Philanthropie** und **Misanthropie**. Der Philanthrop ist ein Menschenfreund und der Misanthrop ein Menschenhasser.

Selbstverständlich will keiner ein Menschenhasser sein. Aber bereits im Alltag werden Formulierungen gebraucht, die Menschenhass ausdrücken. Dazu gehören die Wendungen: „Geh mir aus dem Weg!" „Den kannst du in den Kasten stecken." „Ich kann dich nicht mehr sehen!" „Kotzbrocken!" „Du bist…!" Welche könnten dies noch sein? Hier ergibt sich die Frage, warum werden solche verletzenden Worte ausgesprochen?

Du sollst dich nun entscheiden, worin du ein philanthropisches oder misanthropisches Verhalten entdeckst. Dazu ein buntes Angebot aus einer Schulleiterfortbildung:

Hass verbreiten, Fehler vergeben, immer widersprechen, andere erniedrigen, Barmherzigkeit, verleumden, Nachsicht zeigen, danken können, dem Nächsten dienen, Schwächen nachsehen, Enttäuschungen mit Worten mitteilen, zum Sprechen ermutigen, Rache ankündigen, den Nächsten verstoßen, sarkastisch reagieren, immer anderen ins Wort fallen, demütigen, loben können, ständiges Verurteilen, sich am Versagen anderer erbauen, Frieden schließen, Menschen verachten, andere zum Erfolg führen, verleugnen, sich immer in den Mittelpunkt stellen, Schadenfreude, jemanden in Misskredit bringen, Herzen erbauen und wie ist es mit der Aussage eines Soldaten: „Ich habe das Töten gelernt."

Eine „Psychologie des Tötens" gibt es bislang noch nicht, obwohl das Töten eine universelle Handlung ist.
Fordert das Leben der einen den Tod der anderen?

Bei einer stillen Betrachtung jener Reaktionsweisen kann deutlich werden, dass misanthropische Äußerungen einem leichter von der Zunge gehen, vor allem dann, wenn man sich selbst nicht annehmen kann … eben, wenn die Eigenliebe dürftig bleibt. Ein Sprichwort besagt:
„Fehler sind immer dann dick, wenn die Liebe dünn ist."

Sprich mit anderen über das Thema: „Liebe dich selbst." Teile auch anderen deine wünschenswerten Verhaltensweisen mit und höre dir andere Argumente an. Wie würdest du reagieren, wenn du gefragt wirst:

„Möchtest du mit dir zusammenleben?"

Und was würde Hermann Hesse sagen?

„Wenn wir einen Menschen hassen, so hassen wir in seinem Bilde
etwas, was in uns selber sitzt. Was nicht in uns selber ist,
das regt uns nicht auf."

Was meinst du jetzt zu dem Thema: „Liebe dich selbst." Wobei hast
du Schwierigkeiten? Befrage dich selbst! Stelle einen Spiegel auf den
Tisch, setze dich davor und notiere:

„Warum darf ich mich lieben?"

Eltern, die eigene Probleme und Ängste haben, versuchen, ihre eigenen Bedürfnisse in ihrem Kind zu verwirklichen. Das Kind wird somit zum Liebesobjekt der Eltern.

Die persönliche Entfaltung mit den vorhandenen Anlagen, Fähigkeiten, Begabungen, Verhaltensweisen und Interessen wird hierdurch
eingeschränkt, behindert oder gar blockiert! Lassen Eltern jedoch ihr
Kind durch vielfältige Anregungen im Spiel, Sport sowie in der Musik, Kunst und Natur sich selbst entdecken, öffnen sie für das Kind
Wege für ein *selbstbestimmtes Leben.*

Dazu zwei Situationen zum Vorlesen und Diskutieren in der Familie,
im Bekanntenkreis und unter Freunden.

Einer Mutter blieb die sportliche Karriere versagt. Nun fährt seit Jahren mit ihren Kindern im Alter von 14 und 12 Jahren zweimal wöchentlich nachmittags und jedes Wochenende zum Karatetraining. In den Kinderzimmern schmücken die Urkunden, Pokale und Medaillen die Regale. Die Freizeit der Kinder ist eng bemessen. Beide besuchen das Gymnasium. Die 14-Jährige hat wöchentlich einmal in der Musikschule Gitarrenunterricht. Ihr Bruder spielt in jeder freien Stunde Fußball. Da er teamfähig ist und Schülerkonflikte geschickt löst, wählen ihn seit Jahren seine Mitschüler zum Klassensprecher. Was meinst du dazu? Gehen die freundlichen Kinder nur zum Karatetraining, um die Mama nicht zu enttäuschen? Können die Kinder selbst entdecken, wo ihre Stärken schlummern? Sich eben da und dort erproben? Oder will die Mutter sich in ihren Kindern selbst verwirklichen? Ist das von der Mutter eine ungenügende Bestätigung der Individualität der Kinder? Wie lange werden die Kinder das dulden? Und...wie wird dann die Mutter ihr Leben verwirklichen?

Jetzt ein ganz anderes Beispiel. Die Tochter einer Kellnerin und eines Altenpflegers wurde nach dem Realschulabschluss PTA. Nach dem Abendabitur mit der Durchschnittsnote 1,1 begann sie das Pharmaziestudium. Nun ist sie im fünften Semester, arbeitet abends stundenweise als PTA und geht am Wochenende zu älteren Nachbarn zum Einkaufen.

Welche Fragen stellst du dir? Halte deine Hand mit gespreizten Fingern vor die Augen, stelle den Daumen hoch und nenne dir für jeden Finger eine Eigenschaft der Studentin!

Du darfst dich lieben, wenn es dir oft gelingt, dich in die Gedanken-welt anderer zu versetzen. Eltern wünschen und erwarten, dass Kinder sich selbst annehmen, ihr Leben meistern und für andere ein gutes Beispiel sind.

Versuche doch nun einmal, dich in die Gedanken deiner Eltern zu versetzen und diese in vielleicht *„verrückten Situationen"* selbst zu erleben.

Frage dich anschließend, welche Gedanken deine Eltern haben könnten! Bei diesen Spielen stärkst du nebenbei deine Selbstsicherheit!

Beginne mit dem Betteln. Ziehe deine ältesten Sachen an, hänge dir ein Schild mit dem Text „Ich habe Hunger" um den Hals, knie dich dann in die Fußgängerzone, neige deinen Kopf traurig zur Seite und öffne bettelnd deine Hände.

Schreibe am PC mit roten Lettern deinen / einen Beruf, darunter in schwarz: „Suche Arbeit!". Laminiere diese Seite, stelle dich vor ein öffentliches Gebäude, präsentiere den Text und führe dann aufmerksam Gespräche!

Sammle in der Stadt aus Abfallbehältern Pfandflaschen und denke an Bedürftige!

Nimm einige Bücher, klingele bei Nachbarn und biete sie als Geschenk an. Erzähle auch, warum sie gut sind.

Binde liebevoll einige Blumensträuße und verschenke sie vor dem Bahnhof mit freundlichen Worten an ganz unterschiedliche Passanten.

Offenbare einer fremden Person in einem Restaurant ein Problem mit deiner Partnerin, deinem Partner, deinen Kindern, spendiere ein Getränk und bitte um Rat.

Oder nicht so „verrückt", einfach hilfreich:
Gehe in einen Supermarkt und beobachte, wo du dich nützlich machen kannst, ohne eine Konfrontation auszulösen. Du musst hierbei wirklich besonnen und vertrauenswürdig vorgehen. Ganz wichtig ist, dass du genau sagst, wobei du helfen willst. Zu diesen Situationen könnten gehören: Wasserkasten einer fremden Person in den Einkaufswagen stellen, geöffnete Nahrung abgeben, einem Kunden den Text einer Verpackung vorlesen oder Geld aufheben, das an der Kasse sehr verstreut auf den Boden gefallen ist.
Erzähle später bei deinen Eltern, Geschwistern, Freunden und in deiner Familie von deinen Erlebnissen. Höre gut zu, achte auf ihre Mimik und finde ein gutes Gesprächsthema.

Hierbei ist es hilfreich, dass du bei deinen Eltern, Geschwistern und besonders in deiner Familie dich bemühst, rasch zu erkennen, was dran ist. Das beginnt beim häuslichen Hinzugehen und reicht bis zum Erfassen der Befindlichkeiten und Gedanken der anderen. Wie gut tut es, Worte zu empfangen wie: „Du kannst wohl Gedanken lesen." „Du hast erkannt, was mich bedrückt." „Mit deiner Hilfe hätte ich

jetzt nicht gerechnet." „Du hast mein Herz erfreut." „Das hast du im rechten Moment gemacht." „Du bist mein Retter in der Not!" „Du bist Balsam für meine Seele."
Wenn du solche Worte empfängst, dann freue dich innerlich und werde nicht überheblich.

Jetzt eine Anregung für einen Familienabend mit den Eltern, Angehörigen, Bekannten und Freunden zu der Frage:

„Was wird in der Familie falsch gemacht?"

Du legst auf dem Tisch viele Zettel aus. Jeder darf nun immer auf einen Zettel einen Fehler zum Familienleben notieren. Alle Notizen werden umgedreht auf den Tisch gelegt.
Dann zieht der erste Teilnehmer einen Zettel, liest den Fehler vor und äußert sich dazu mit Beispielen und möglichen Konsequenzen. Es folgen keine Kommentare von den anderen. Namen werden auch nicht genannt. Und dann zieht der Nächste einen Zettel…

Und wenn dieser Familienabend gut gelaufen ist, können die nächsten methodisch wie der erste ablaufen. Dazu einige Fragen:

„Was wird in der Familie gut gemacht?"
„Warum zermürben sich manche selbst?"
„Warum verschiebt man eigene Probleme auf andere,
auch auf Kinder?"
„Welche Verhaltensweisen können gut und schlecht sein?

In einem Elternabend mit Sechzehnjährigen wurden in drei Gruppen „Fehler im Leben der Familie" genannt und besprochen:

Drohungen, ständiges Kritisieren, keine lobenden Worte, Gleichgültigkeit, keine Teilnahme an den Steckenpferden der anderen, zu wenig Kontakte mit anderen Familien, Selbstsucht, kaum gute Gespräche über das Berufsleben, Unehrlichkeit, Argwohn, Vorwürfe, zu oft impulsives Verhalten, sexuelle Hörigkeit, Grübeleien über Nichtigkeiten, körperliche Gewalt, verletzende Worte, schwache Entscheidungsfähigkeit, das Vertuschen von Konflikten, alltägliches Konsumieren von Fernsehserien, keine kulturellen Erlebnisse, Perfektionismus, Angst vor Gesprächen, nur die eigenen Interessen frönen, Gottlosigkeit, flüchten in virtuelle Welten...

Mit Fehlern könnte man Seiten füllen. Man kann an Fehlern verzweifeln und sie als Sprengstoff bis zur Explosion speichern oder den einen und anderen Fehler gemeinsam ausmerzen. Und wie oft wird sich entschuldigt? Eigentlich kann man sich im Zusammenleben nicht genug entschuldigen. „Entschuldige bitte, ..." bewirkt Wunder. Eine Lebensweisheit besagt:

„Ehe man tadelt, soll man immer erst überlegen,
ob man nicht entschuldigen kann."

Lieben verlangt, sich selbst nicht im Wege zu stehen, das Gute in den Kindern und den Nächsten zu sehen und nicht ständig ihre Selbstfindung zu behindern.

Großeltern sind Lebensberater

Es gibt viele Lebensberater. Eben… Professionelle, Amateure, Lakaien, im Sinne von Kriechern, Scharlatanen und weiteren. Professionelle Berater haben ihren eigenen Wert und sind in besonderen Lebenslagen nötig!

Professionelle gehen davon aus, dass Ratsuchende über eigene Ressourcen verfügen, die zur Klärung von Problemen sowie kritischen Situationen genutzt werden können. In diesem Sinne sind professionelle Berater wie eine Hebamme, die unterstützt, beim Klären hilft und Impulse setzt.

Zu den Beratungsanlässen gehören Probleme mit dem eigenen Verhalten und Erleben, berufliche Konflikte, familiäre sowie partnerschaftliche Beziehungskrisen und Schwierigkeiten mit Kindern und Heranwachsenden.

Eltern kennen deine Entwicklung, sie haben dich erzogen und in schwierigen Situationen begleitet und beraten.

Bei gegenseitigen Besuchen entdecken Oma und Opa an und in ihren Kindern und Enkelkindern Neuigkeiten, eben gute, erfreuliche, problematische und ungünstige. Fröhliche und ernste Gespräche werden folgen. Großeltern hören in der Regel aufmerksam zu und bringen gezielt ihre Lebenserfahrungen ein. Sie kennen die Grenzen der Selbstverwirklichung und bemühen sich, ihr Leben sinnvoll und miteinander liebevoll zu verwirklichen.

Mütter, Kinder, Väter und was noch? Woran ist hierbei zu denken? Heute werden nicht wenige Kinder geherzt und geküsst, überbehütet, ständig mit dem Handy überwacht, überversorgt, vor allen Gefahren bewahrt, zur Unselbstständigkeit erzogen, in ihrer Einzigartigkeit verbogen und in Wechselbäder gesteckt oder auch nicht.

Wie oft sagte dir schon dein Gewissen, wir müssen die Großeltern einmal besuchen. Sie sind alleine. Das Gewissen plagt, dein Alltag zehrt an deinen Kräften. Trotzdem. Es muss sein. Was ist denn wichtig? Mit dem Pflegedienst und Seniorenheim ist es nicht getan. Geistiger und geistlicher Beistand ist nötig! Du bist für deine Großeltern verantwortlich. Jedoch alle Aufgaben kannst du ihnen nicht abnehmen.

Erzähle von dir, von deinen Aufgaben und höre gut zu, was sie zu sagen haben. Somit gibst du ihnen das Gefühl und die Gewissheit, gebraucht zu werden.

Großeltern dürfen und sollen ihren Kindern und Enkeln erzählen, welche Fehler sie einst gemacht haben. Dazu gehören Ungezogenheiten, Frechheiten, Streiche und Disziplinverstöße in der Schule. Ihre Kinder und Enkel werden zuhören, staunen und sich wundern.

Großeltern sollen sich offenbaren über gute und schlechte Stunden in ihren Beziehungen. Dazu gehören erlebte Schicksalsschläge und nicht zu vergessen sind berufliche Probleme, die sie irgendwie gemeistert haben oder auch nicht.

Hilfreich sind hierbei *Erinnerungsstücke.* Dazu gehören Briefe, Werkzeuge, Zeugnisse, Anerkennungen, Bücher, Möbel, Familienschmuck, Bestecke, Geschirr, Fotos und vielleicht das Märchenbuch.

 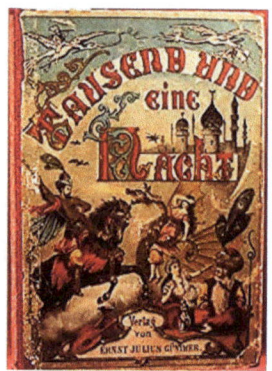

Hierfür sei ein Gespräch eines unverheirateten Paares mit einem Kleinkind skizziert. Der gestandene Informatiker erzählte: „Beim Betrachten von Familienfotos fiel uns eins ganz besonders auf. Lange verweilten wir still vor dem Foto der Ahnen und fragten uns, wie hat das der Fabrikarbeiter mit seiner Frau geschafft?
Die älteste Tochter wurde Diakonissin, die zweite Näherin, die Jüngste Sprechstundenhilfe und der Nachkömmling Zahntechniker und später Zahnarzt." Seine Partnerin antwortete: „Sie haben für ihre Familie gelebt... und das mit sittlichen, kulturellen und religiösen Werten."

Bei diesen Gesprächen werden Erinnerungen wach! Und Kinder und Enkel lernen Werte lieben, die sonst verschüttet blieben. Hierbei stellt sich immer und immer wieder die Frage: *„Traditionen und Tugenden aufgeben oder pflegen?"* Und welche Erinnerungsstücke möchtest du nutzen? Großeltern werden sich an ihre Eltern erinnern!

Zum Betrachten des menschlichen Verhaltens nun ein Blick in die Delphin-Strategien, eben die *Management-Strategien* in chaotischen Systemen von Dudley Lynch und Paul Kordis.

Nicht, weil dir das Wasser bis zum Hals steht, vielmehr zum Beschauen der Verhaltensweisen von Fischen. Das Adjektiv chaotisch löst bei dem einen oder anderen ganz spezielle Assoziationen aus. Man könnte die Thesen aufstellen: „Ohne Chaos keine Ordnung." „Chaotisch bleibt das Unbekannte."

Eine Wasserwelle kippt chaotisch um, also scheinbar unvorhersehbar und regellos. Ist das Wetter auch chaotisch? Und wie das mit der Befruchtung einer Eizelle durch einen Samenfaden? Ist die Befruchtung ein Zufall? Oder besitzen die Spermien ein Navi?

Jetzt zu den Delphin-Strategien: Karpfen und Haie glauben, dass sie in einer Welt des Mangels leben, weil es von allem nur einen begrenzten Vorrat gibt.
Der **„normale" Karpfen** sagt sich: „Ich werde nie ankommen, warum also sollte ich mich auf den Weg machen?"

Der **pseudo- erleuchtete Karpfen** meint: „Der Weg ist wichtig, nicht das Ziel, also spielt es keine Rolle ob man ankommt oder nicht." Und der **Hai** verkündet: „Das Ziel ist wichtig, also erreiche es so schnell wie möglich ohne Rücksicht darauf, wer unterwegs verletzt wird."

Der Hai setzt auf Übernahme, der „normale" Karpfen setzt auf Nachgeben und der pseudo- erleuchtete Karpfen setzt auf das Aussteigen. Und welche Aussteiger haben wir in unserer Gesellschaft? Wer sieht sich heute aus der Bahn geworfen? Kennst du die Worte: „Alles sinnlos." „Das Leben ist grausam." „Et kütt wie et kütt."

Delphine schwimmen typischerweise überall, sie machen den Teich größer. Sie setzen weder einseitig auf Übernahme, Nachgeben oder Aussteigen, vielmehr auf den Durchbruch.
Delphine leben im Mangel und im Überfluss. „Die Strategie des Delphins ist eine knallharte Suche nach dem, was *funktioniert*. Sie ist eine Suche nach dem, was Sinn macht." Kennst du den Song von Peter Maffay: „Es ist wunderschön Delfin zu sein…?"

Quelle: Lynch, Dudley/ Kordis, Paul: Delphin-Strategien, Management-Strategien in chaotischen Systemen, Paidia Verlag, Fulda 1991, S. 101, 27

Wer ist aus deinem Bekanntenkreis ein Hai, ein Karpfen, ein pseudo-erleuchteter Karpfen oder ein echter Delphin?
Gäbe es im Leben nur Delphine, dann wäre der Alltag himmlisch!
Oder gibt es auch einen Sinn im Unsinn?

Ja, was macht in diesem Teich einen Sinn? Und wie oft wird heute in den Familien mit den Kindern über den Sinn des Lebens gesprochen? Menschen sind hungrig nach Sinn. Mit Sinnlosigkeiten werden sie im Alltag massenweise bedient, gefüttert und alleingelassen.

Zu kurz kommt das Schöpfen seelischer, geistiger und geistlicher Nahrung. Ein Nachdenken kann beginnen mit den weltlichen Sinnlosigkeiten. Dazu gehören Kriege, Flüchtlinge, Epidemien, Wetter- und Erdkatastrophen sowie menschliche Schicksale, viele an der Zahl. Oder haben sie auch einen Sinn?

Persönliche Gespräche über Beziehungen, Aufgaben und Perspektiven sind wichtig. Gespräche sollten hier und da über den Tellerrand der Familie herausragen. Eben mal ganz große Probleme der Welt und der Politik. Dazu gehören nicht zuletzt vielfältige und erbauliche Gespräche über Tugenden, die Oma und Opa gelebt haben und leben.

Nicht zu vergessen sind *„Die sieben (westlichen)* **Todsünden",** die Mahatma Gandhi 1925 an den Pranger stellte: „Reichtum ohne Arbeit, Genuss ohne Gewissen, Wissen ohne Charakter, Geschäft ohne Moral, Wissenschaft ohne Menschlichkeit, Religion ohne Opfer und Politik ohne Prinzipien."

Großeltern sind und bleiben nicht nur bei persönlichen Kontakten Lebensberater, vielmehr auch per Handy und Smartphone.

Nebenbei erhöhen sie hierbei ihre Lebensqualität sowie ihre geistige, informationelle und virtuelle Mobilität.

Notiere dir doch einmal in Stichpunkten die Themen, die du oft mit Oma und Opa digital besprichst! Frage dich anschließend, zu welchen Erkenntnissen du gekommen bist!

Was war wichtig, dringlich und sinnvoll?

Großeltern sind gute Lebensberater. Bedenke jedoch, Großeltern haben auch Probleme, die du nicht immer leicht nachvollziehen kannst. Auch sie benötigen Beratung und seelischen Beistand. Sie warten darauf!

Dein Alltag ist nicht der Alltag von Oma und Opa. Der Übergang vom Berufsleben in den Ruhestand kann ersehnt sein. Ist er aber erreicht, dann kann er problemreich werden, wenn nicht die rechten Aufgaben in der Freizeit gefunden werden.

Es ist gut, wenn Großeltern ihre freie Zeit nutzen, um ihre Fertigkeiten, Fähigkeiten und Begabungen zu profilieren, die bisher mehr oder weniger zum Tragen gekommen sind. Dann entdecken sie an und in sich Ressourcen, die sie beflügeln. Ihr Leben wird mit einem neuen Sinn gefüllt.

Oma und Opa brauchen deinen Beistand. Und wo? Da und dort benötigen sie im Umgang mit den neuen Medien Rat und Unterstützung. Bereits Enkel sind hierfür bestens prädestiniert. Ein gegenseitiges Beraten wird dem rechten Maße des Zusammenlebens dienen.

Frage dich jetzt, wer hat dich im letzten Jahr in einer wichtigen Situation gut beraten? Dein Vater, deine Mutter, deine Schwester, dein Bruder oder deine Großeltern? Schätze die Häufigkeiten ab und verteile diese in einem Kreisdiagramm. In jedes Segment schreibst du die Hinweise. Unterstreiche dann die Worte, die du für dich wirklich annimmst! Sprich häufig mit Oma und Opa, solange du sie noch hast. Erzähle von dir, von deinen Liebsten, Freunden und Bekannten.

Damit erinnerst du sie an ihre Vergangenheit. Nenne deine Sorgen, Ängste, Nöte und Enttäuschungen. Erzähle auch von deinen Erlebnissen und Erfolgen. Großeltern erinnern sich dabei an ihr Leben, hören in der Regel aufmerksam zu und werden sich auch weiter offenbaren. Hierbei darfst du den Unterschied zwischen Selbst- und Lebensverwirklichung entdecken!
Selbstgespräche kannst du bei der Grabpflege führen.

„Denn du bist Erde und sollst zu Erde werden." (1. Mose 3,19)

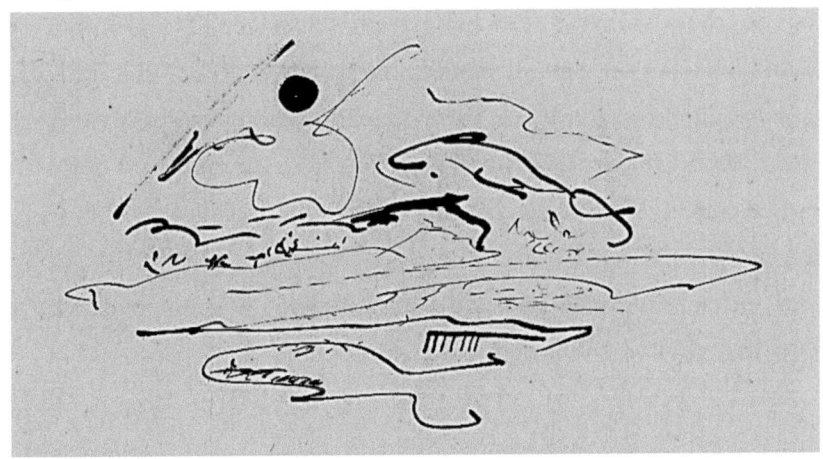

Sisyphos sprießt nicht nur vor der Türe

Hm, Sisyphos ist stets bei und in dir. Er war der König von Korinth und galt als überaus schlauer, verschlagener, schlechter und gewinnsüchtiger Mensch. Deshalb musste er als Strafe in der Unterwelt unablässig einen schweren Felsbrocken einen Berg hinaufwälzen, der kurz vor dem Gipfel immer wieder in die Tiefe rollte.

Das ist die *Sisyphusarbeit*. Sie erfordert übermenschliche Anstrengungen. Man müht sich eben vergeblich ab. Absurdität lässt grüßen! Und was ist bei dir absurd? Eben sinnlos und immer wiederkehrend?

Was ist denn sinnvoll? Du hängst ein selbst gemaltes Bild an die Wand. Siehst es dir tagtäglich an. Es erfreut dich. Führst mit ihm Gespräche, die dir wertvoll und sinnvoll sind. Weil sehr viel Arbeit darin steckt, wunderst du dich über dich selbst. „Das habe ich gemalt", sagst du einem Vertrauten. Ein nüchternes „Ja" ist alles, was du empfängst.

Und welche Beispiele darfst du hinzufügen? Welche Plackerei, ja Knochenarbeit versteht dein Nächster nicht?

Nun erlebst du in zwei Geschichten eine Katze und einen Autisten.

„Julia, du bist wunderbar.

Ich weiß nicht, von wem ich das auch sagen darf. Viele Menschen haben mich enttäuscht. Einige haben mich angehört, mir zugestimmt und letztlich war ich wieder allein. Jeder denkt wohl gerne an sich. Ich eigentlich auch. So ist es eben. Jeder lebt in seiner Welt. Es sind nur kleine Fenster, in die man bei anderen hineinschauen kann. Oft sind sie dunkel, voller Rätsel, Geborgenheit, Überraschungen, eben Einblicke, die spannend sind, und mich ein Stückchen bestärken.

Einige sind hell, sind zu hell erleuchtet, lassen alles erkennen und ebenfalls voller Rätsel. Wie ist was zu verstehen? Was passt zusammen und was nicht. Ja, so klar und deutlich von außen, dass man Mühe hat, was zu orten. Was ist Maske, Blendwerk, eben Spiegelfechterei, oder Offenheit und Ehrlichkeit. Zu deutlich ist auch undeutlich. Von den Schatten des gut Sichtbaren ganz zu schweigen. Seien es kurze oder lange. Auch sie sind hilfreich, wenn ich nicht weiterweiß. Licht und Schatten gehören zusammen.

Julia, du bist ehrlich.
Du nimmst mich an in schlimmen und frohen Stunden. Du sagst mir sofort, wenn ich dich nicht verstehe oder wenn ich mir Mühe gebe. Wer hat dir das beigebracht? Du kennst nicht deinen Vater, deine Geschwister sind weg. Hast aber eine gute Mutter gehabt. Sie hat dich ernährt und dir all das beigebracht, was man eben so zum Leben braucht. Was braucht man denn zum Leben?
Macht sich denn nicht jeder so unglücklich wie möglich? Wer strebt nicht nach Erfüllung und Zufriedenheit und erblickt zum Schluss das eigene Chaos, das nach Ordnung giert. Eine Ordnung, die eigentlich chaotisch ist.

Ein Mensch kann mit sich ins Reine kommen, wenn er nicht immer stets nur sich sieht. Ein Weilen ohne Worte, und das für Stunden, vor einem kleinen Teich mit Seerosen macht einen frei. Nachts schlafen die Seerosen. Sie schließen ihre Blüten und öffnen diese mehrere Tage hintereinander. Dann fallen sie zusammen, verschwinden im Wasser und da, ja da erwachen wieder neue Blüten in voller Pracht.

Ein Wunder. Und dann noch die vielen kleinen Bitterlinge. Man sieht sie kaum. Zuerst hört man sie beim Füttern. Schwupp, schwupp und noch einer.

Was für ein Leben in der Stille und Tiefe des Wassers. Prächtige Libellen blicken zum Jagen mit ihren großen Facettenaugen nach allen Seiten, sogar nach hinten. Auf dem Wasser schießen ruckweise und sehr schnell gespenstisch hunderte Wasserläufer zwischen den herzförmigen Kelchblättern der Seerosen hin und her. Und wie erschrocken waren die Jünger des in Seenot geratenen Bootes gewesen sein, als Jesus auf dem Meer wandelte? Wunder. Wunder. Vor denen man nur verharren kann.

Und wir wollen alles von uns wissen. Nehmen Verzweiflung, Ängste, Enttäuschungen in Kauf oder wehren uns massiv. Mit und ohne Erfolg.

Julia, du bist liebevoll.

Du hast mein Herz  erfreut. Lebst mit dem, was du hast, plagst dich nicht mit Träumen, falls Erfolge ausbleiben. Achtest auf dich, pflegst dich und bist hellwach. Auch mein Gegenüber sagt mir: ‚Ja. Ich stimme dir zu.' Es ist der Harlekin. Er sitzt auf der Lehne des Sofas. Aus seinem weißen Kopf blicken Augen mit unergründlicher Tiefe. Ein roter Punkt auf der Nase lässt die Augenbrauen nicht missen. Seine zarten Lippen haben sich in das Schweigen gehüllt. Die große spitze Mütze ruht auf seinem zarten Haar und die mächtige Halskrause verweist auf das zweifarbige Gewandt. Weiße Arme mit mächtigen Händen liegen auf der Lehne. Die

Beine baumeln gelassen. Zum Gehen in die weite Welt sind die großen Schuhe bereit.

Julia, du bist robust.
Im Hornung bei eisiger Kälte stapftest du im Schnee. In meinen Armen fühltest du dich aufgehoben. Die Wärme tat dir gut. Julia, wer
hat dich ausgesetzt? Wie viele Zuhause hast du gehabt? Circa dreizehn Jahre bist du alt und wiegst knapp vier Kilo.
Nun zeigst du mir, wo ich dich streicheln darf. Auf dem Kopf kräftig
mit der ganzen Hand, unter dem Hals mit zwei Fingern, ganz zart an
den Ohren, am Unterkiefer mit einem Finger, auf der Nase abwärts
bis zum Mund und wenn du die Augen geschlossen hast, über deine
Stirn. Dein Schnurren und dein Treteln zeigen mir dein Wohlbefin-
den, das ich empfangen darf."

Dein Leben, deine Erfahrungen, dein Wissen, auch über Menschen, kannst du nicht weitergeben. Du wurdest kastriert. Das ist
menschlich. Dein Leben darfst du nicht weitergeben. Menschen ris-
sen dich raus aus dem Leben der Natur, weil sie selbst mit sich nicht
ins Reine kommen.

Kurzum: Wohnzimmer-Schmusekatzen. Hauskatzen mit Freigang
kennen eigenes Territorium in der Natur. Straßenkatzen leben wie
ausgesetzt Menschenkinder. Jedoch Wildkatzen leben ihr Leben."

Sind diese Gedanken verrückt, sinnlos, absurd…? Franziska sagte zu
diesem Text: „Vater, du hast zu große Erwartungen an deine

Mitmenschen. Stelle hohe Erwartungen an dich." Und Christiane schrieb: „Jeder sollte freudig an sich arbeiten und Gott für jeden Tag danken. Bis bald. Ich freue mich auf ein Wiedersehen…"

Eine Bekannte schrieb mir zur Julia: „Mein Lieber, mit dieser Geschichte hast du mich zum Nachdenken über meinen Alltag aufgefordert. Mir geht es eigentlich gut. Gerne würde ich solche Gedanken mit anderen Menschen gemeinsam lesen. Meistens geht es jedoch nicht. Mittlerweile fühle ich mich während der beruflichen Abwesenheit meines lieben Mannes einsam und oft so traurig.

In die Schule gehe ich aber noch. Auch sehr gerne. Da ist jeden Tag was los! Täglich gibt es etwas zum Lachen. Immer gibt es Situationen und oft nur Momente zum Entdecken, zum Verändern und Gestalten.
Aber wer kennt schon richtig das Potential, das in den Kindern steckt. Wissen wir, was für Kinder wirklich gut ist? Sind wir immer der rechte Maßstab?

Ich habe einen *autistischen Jungen* in meiner 4. Klasse, der mich täglich sehr fordert. Er ist am Computer flinker als ich. Einzelne Schritte, die ich mir aufschreibe, beherrscht er. Hat das flinke Kerlchen ein fotografisches Gedächtnis? Du kannst dir nicht vorstellen, was ich von diesem Kind lernen darf.
Manchmal beneide ich ihn. Warum? Er vermag wegzuschauen, Kontakte abzubrechen, Worte zu hören, ohne sie anzunehmen. Dann akzeptiere ich sein Verhalten, um ihn nicht weiter zu bedrängen. Bereits

ein Kopfschütteln, Hin- und Herlaufen sind weitere Alarmzeichen. Denn ich will ein gegen die Wand rennen, Treten und Schlagen verhindern.

Mein Mann sagte mir schon, mehr oder weniger ernsthaft, die zukünftigen Lehrer müssen gewiss ein Deeskalations-Training absolvieren. Der Schüler zeigt mir auch immer wieder, dass jeder in seiner Welt lebt, dass Grenzen zu wahren sind und ein Begegnen eben das Leben ist.

Das ist wirklich verrückt. Manchmal bin ich ihm sicher nicht gewachsen. Doch bin ich die einzige Lehrerin, die er halbwegs respektiert, obwohl er mich neuerdings oft beschimpft. Er will mir auch sagen, wie ich benoten soll. Und ich bin wirklich kein schlechter Mensch. Es sind immer Wechselbäder der Gefühle.

Während der Sachkundestunde, als ein Kind über das Sterben sprach, sagte er: ‚Es gibt 1000 Wege, ins Gras zu beißen'. Und das immer und immer wieder. In dieser Art beteiligt er sich meistens am Unterricht. Warum? ‚1000 Wege, ins Gras zu beißen' sah er im Internet. Es sind ungewöhnliche, extrem schockierende und skurrile Todesfälle für Zuschauer ab 16 Jahren. Diese Geschichten beruhen auf realen Ereignissen. Die Opfer haben eine falsche oder meistens dumme Entscheidung getroffen, die zum Tod führt. Dramaturgisch wurde der Unterhaltungswert erhöht.

Manche Kinder bekommen gar nicht mit, was er meint und schauen mich erstaunt an. Andere halten sich zurück...denn er spuckt gerne

auch mal ins Gesicht. Da helfen manchmal nur mein Gemüt und eine kurzfristige Wende beim Unterrichten. Ganz viele liebe Grüße..."
Ist das absurd? Autisten leben in ihrer eigenen psychischen Welt. In ihr sind sie gefangen. Und in welcher bist du gefangen?
Kann man von Autisten was lernen? Wäre nicht manchmal einer gerne ein bisschen autistisch? Lebt, wie diese beiden Geschichten zeigen, nicht ein jeder in und mit seiner Welt? Sind nicht alle Menschen gottgewollt? Man muss sie ebenso nehmen, wie sie sind!

„Julia, du bist wunderbar" offenbart einige Gedanken, warum sich ein Mensch einem Tier zuwendet. Der Brief zeigte, dass die Lehrerin wahre Sisyphusarbeit leistet. Ach, ich habe an dich noch eine Frage: Wie würdest du die Geschichten zusammenfassen?
Ist das Zusammenleben einer Familie keine Sisyphusarbeit? Erinnert sei an das tägliche Mühen und das immer wieder Sagen des Gesagten. Nun sollst du aber nicht gleich verzweifeln! Oder meinst du etwa, es sei ein Null-Summen-Spiel?

Es ändern sich die Zeiten, jedoch die Menschen nicht. Der Mensch ist gut, ist die erste Lebenslüge. Denke an die Steinschleuder, Kreuzigungen, Ketzerverbrennungen, die unzähligen blutigen Schlachten, Bombengeschwader, Nuklearwaffen, Kampfdrohnen sowie die heutigen Folterungen, Massaker, Kindersoldaten und Terroristen.

Hat Sisyphos seine Strafe verdient? Das ist eine Frage! Oder bist du für deine Sisyphusarbeit gerüstet? Eben bereit, immer und immer wieder schwere Brocken anzupacken?

Störungen prüfen und nutzen

Magst du Störungen? Schau mir in die Augen! Fühlst du dich gestresst, gemobbt und frustriert? Das Thema „Liebe dich selbst" stellte klar, dass nicht wenige Störungen in einem selbst stecken. Es ist eben leichter zu sagen, die anderen stören, die Verhältnisse sind nicht gut, die Umstände sind schuld und an den Bedingungen ist nichts zu machen.

Störungen sind eine Quelle des Lebens. Störungen erfordern Kraft und Eigenliebe, um sie anzunehmen, zu hinterfragen und vor allem zu nutzen. Ganz besonders Störungen in den Beziehungen. Dann prüfe zuerst für dich die Störungen und suche das Gespräch.

Bringe Störungen auf den Punkt. Akzeptiere auch die Unfähigkeiten der anderen und entfalte ihre Fähigkeiten. Denn Störungen sind Hinweiszeichen. Wohl dem, der seine Störungen akzeptiert und als Wegweiser zu gebrauchen vermag. In der Alltagspsychologie gibt es den Spruch für wegweisende Steine:

> „An den Steinen, die dir in den Weg gelegt werden,
> erkennst du, wo es lang geht."

52

Befrage Mutter, Vater, Bekannte, Freunde, Lehrer, Ausbilder, Vorgesetzte und andere, welche Steine bisher ihren Lebensweg beeinflussten.

Und hierbei benötigst du schon eine ganze Portion psychologisches Geschick, um erfolgreich dieses persönliche Gespräch zu führen. Zeitpunkt, Situation sowie die Beziehung zum ausgewählten Gesprächspartner seien bedacht.

Als Hilfesuchender hast du bestimmt gar nicht so schlechte Karten. Du erzählst einfach von deinen „Steinen" und fragst, wie sie deine „Steine" sehen. Denn oft fühlt man sich mit Störungen alleingelassen, hat niemanden, mit dem man darüber sprechen kann und der einen auf eigene Störungen aufmerksam macht. Du musst für dich Rückmeldungen einfordern. Das Zurückziehen und Warten wird wenig hilfreich sein.

Und wie ist es mit deinen Erwartungen und jenen, die andere an dich haben? Sind das auch Störungen? Gehe behutsam mit Prophezeiungen um! Sie können erbauen, enttäuschen und zermürben.

Nun eine Liebesgeschichte.

Nach der griechischen Sage ist Pygmalion König von der Insel Kypros und ein recht begabter Bildhauer. Er verliebte sich in eine von ihm erschaffene Mädchenstatue. Aphrodite, die Göttin der Liebe und Schönheit, erhörte sein Flehen und   hauchte seiner Statue „Galatea" Leben ein.

Ein moderner Pygmalion ist der experimentierfreudige Sprachforscher Professor Higgins in dem Musical „My Fair Lady" von Gabriel

Pascal nach dem Bühnenstück „Pygmalion" von George Bernhard Shaw. Higgins hohe Erwartung - gepaart mit harter Arbeit - bewirkte bei dem ungebildeten, vulgär sprechenden Blumenmädchen Eliza, ihre Stimme vorzüglich zu entfalten. Recht bekannt ist das Lied: „Es grünt so grün, wenn Spaniens Blüten blühen!" Eliza entwickelte sich zu einer „vollkommenen Lady".

Der Psychologe Robert Rosenthal hat den **Pygmalion-Effekt** experimentell nachgewiesen. Er forderte seine Studenten auf, mit Ratten Lernversuche durchzuführen. Die Ratten sollten schnell ein Labyrinth durchlaufen.
Eine Versuchsgruppe erhielt angeblich intelligente, die andere dumme Ratten. In Wirklichkeit hatte Rosenthal die Ratten nach dem Zufallsprinzip ausgewählt. Und es zeigte sich, dass die Studenten mit den „intelligenten Ratten" bessere Dressurleistungen erreichten. Die Vorinformationen wirkten. Und wann erwartet dich das Unerwartete? Erinnere dich an selbst erlebte Situationen!

Welche Erwartungen haben sich erfüllt und welche nicht. Sprich mit anderen darüber und thematisiere so ganz nebenbei mit eigenen Beispielen den Pygmalion- Effekt!

Dazu einige Aussagen von Lehrern. Entscheide, welche Worte sind *hilfreich oder störend*!

"Lass mal sehen, wie du das gemacht hast."

"Wie kann man sich so dumm anstellen?"

"Dein Verhalten hat mich geärgert."

„Ungeschickt bleibt ungeschickt."

„Das kapierst du sowieso nicht."

„Wie ist es dazu gekommen?"

„Mit dir kann wohl keiner?"

„Du bist eine Belastung!"

„War das so richtig?"

„Du Trottel!"

„Gab es ein Missverständnis?"

„Geh mir doch aus dem Weg!"

„Erzähle das bitte noch einmal."

„Ich würde das anders machen."

„Prüfe diesen Sachverhalt erneut."

„Hast du dich so klar ausgedrückt?"

„Von dir habe ich doch anderes erwartet."

„Ich habe dich jetzt nicht ganz verstanden."

„Wie könnten wir diesen Zusammenhang noch sehen?"

Welche hilfreichen Worte gebrauchst du oft und welche solltest du dir aneignen? Gewiss hast du auch erkannt, dass einige die Person angreifen und andere das Verhalten ansprechen.

Über Verhaltensweisen sollte man kritisch sprechen. Kritik der Person wird häufig als Angriff empfunden. Bei einem Personenangriff sind Beziehungskonflikte vorprogrammiert. Das sachliche Sprechen über Verhaltensweisen fördert ein Nachdenken und kann eine Selbstkorrektur einleiten. Diskutiere mit anderen Aussagen zur Person und zum Verhalten!

Ein Spiel in einer Gruppe könnte hier und jetzt nützlich sein. Setzt euch im Kreis zusammen. Jeder erhält eine Karte und schreibt spontan darauf *eine Verhaltensweise, die er nicht mag, und eine, die für ihn wichtig ist.* Danach werden die Karten in der Kreismitte umgedreht abgelegt und gemischt. Der erste zieht eine Karte, liest vor und sagt dazu seine Meinung. Persönliche Beispiele bereichern die geschriebenen Verhaltensweisen. Dann macht sofort der Nächste weiter. Alle Meinungen bleiben im Raum stehen. Es erfolgt keine Diskussion! Warum? Damit jeder über sich nachdenkt.

Denke bei Störungen an das Sprichwort:

„Schmal ist der Weg zur Tugend, breit der zur Sünde.“

Und welches sündhafte Verhalten plagt dich? Denn du lebst bei allem Wohlstand nicht im Garten Eden!

Störende Gedanken können belasten, einen verfolgen, den Blick für andere Dinge trüben und den Kopf für wichtigere Aufgaben verschließen. Dazu einige Gedanken, die vorkommen können. Versuche für dich zu entscheiden, welche Gedanken bei dir vorkommen und welche dir wichtig sind.

In einer Projektarbeit zu dem Thema: „Störungen stören…“
nannten Schüler einer 11.Klasse folgende Gedanken:
- „Ich darf keine Fehler machen.“
- „Den Eltern kann ich nichts recht machen.“
- „Es ist doch alles zwecklos.“

- „Die anderen sind doch immer besser."
- „Lasst mich doch in Ruhe."
- „Jetzt reicht es mir!"
- „Womit fange ich jetzt an?"
- „Was kann ich noch überprüfen?"
- „Wonach muss ich mich sofort erkundigen?"
- „Wie erreiche ich denn mein Ziel?"
- „Und wem darf ich mich immer anvertrauen?"

Einige Aussagen nehmen dir den Mut zum Arbeiten, andere nicht. Die W-Fragen fördern die Selbstüberprüfung sowie die Arbeit an sich selbst. Bereits Marcus Aurelius (121-180), römischer Kaiser und stoischer Philosoph, hat erkannt:

„Unser Leben ist das, wozu unser Denken es macht."

Sprich mit älteren Menschen darüber, was ihr Denken aus ihrem Leben gemacht hat. Hierbei wirst du vielfältige Lebensmaximen kennenlernen.

Ein 16-jähriger Philipp sagte einst in einer Beratung:

„Ich störe, weil...und dann... "

Was steckt wohl hinter dieser Aussage? Welche Gründe und Erwartungen könnte Philipp haben? Trage mehrere Gedanken zusammen, wähle einen aus und schreibe ihm einen „fiktiven Brief", indem er erfährt, dass du versuchst, seine Schwierigkeiten zu sehen und an seinem Problem teilzunehmen. Vermeide in diesem Brief Ratschläge. Denn Ratschläge sind nicht selten Schläge. Bedenke, wie du mit „wohlgemeinten" Ratschlägen von anderen lieben Menschen umgehst. Du kannst ihm mitteilen, wie du dich verhalten würdest. Jedoch er muss seinen eigenen Weg finden.

Nutze eine selbst erlebte Situation, in der du gestört hast, und beginne mit dem Schreiben eines Briefes!

Und wie könnte man Philipp so zum Nachdenken ermutigen, dass er seine Verhaltensweisen überdenkt? Hierzu trugen in einer Fortbildung Beratungslehrer zusammen:

- „Wie soll ich dein Verhalten verstehen?"
- „Wie denkst du über dein Verhalten?"
- „War das für dich nützlich?"
- „Was willst du damit sagen?"
- „Wie könntest du dich noch verhalten?"
- „Passt dein Verhalten überhaupt zu dir?"
- „Warum glaubst du, dass die anderen dich nicht mögen?"
- „Kannst du dir vorstellen, wie ich mich in deiner Situation verhalten hätte?"
- „Welche ungünstigen Verhaltensweisen kannst du dir bei mir vorstellen?"
- „Wollen wir mal gemeinsam verschiedene Verhaltens-Situationen durchspielen?"
- „Was sollte ich oft zu dir sagen?"

- „Zu welchen Erkenntnissen bist du gekommen?"
- „Wofür wirst du dich entscheiden?"
- „Was erwartest du dann?"

Und welche Fragen wären dir angenehm?
Das Wagen eines Gespräches ist nicht immer leicht. Gebrauche hierfür doch einmal die folgenden Wendungen. Der Partner wird sich öffnen und erzählen. Er benennt bestimmt auch noch Situationen und Beispiele.

- „Erzähl mal."
- „Wie siehst du das?"
- „Was ist dir denn wichtig?"
- „Denke doch erst einmal an dich."
- „Tue etwas für dich."
- „Lebe dein Leben."
- „Glaube an dich."
- „Tue dir was Gutes."
- „Wie wirst du das in vierzehn Tagen sehen?"

Höre hierbei gut zu. Gib keine Wertungen ab. Deute und interpretiere nicht. Sage nur hin und wieder nur „Aha." „Hm." „Oh." „Interessant." „Im Ernst." „Was?" „So." „Das hast du getan." „Tatsächlich." Oder du nickst nur mit dem Kopf und pflegst den Blickkontakt. Manchmal ist es angebracht, zur Decke oder nach unten zu schauen. Gelingt dir das, dann hast du „Türöffner" nach Thomas Gordon vorzüglich eingesetzt.

Erzählt der Partner nichts, dann belasse es dabei. Dadurch behält er das Problem. Sage nur: „Ich bin für dich da."

Mit dem Stören will Philipp auf sich aufmerksam machen. Ein „Störenfried" einer Schulklasse, in der Familie, am Arbeitsplatz oder wo anders erhebt letztlich den Anspruch, anerkannt und nicht abgestempelt zu werden. Er will mitteilen, dass auch er da ist. Und das geschieht mit seinen Mitteln. Nicht selten hat der Störer den Wettlauf mit Leistung und Prestige in seinem Denken bereits verloren. Stören ist ein Hilferuf, der durch Übersehen und Überhören sich ständig weiter aufschaukeln kann. Der Störer wird nicht selten belastend empfunden, obwohl gerade er Zuwendung, Anerkennung und Zuspruch bräuchte. Und an wen denkst du jetzt?

Störe doch einmal bewusst in einer Fort- oder Weiterbildung, in einer Dienstberatung und in anderen Situationen und beobachte die Reaktionen:
- Stehe einfach bei einem Gespräch 1 bis 2 Minuten auf!
- Lese aus den Unterlagen irgendwelche Sätze laut vor!
- Fange in einer Diskussion an zu lachen und zu kichern!
- Lasse etwas so runterfallen, damit bei deinem Aufheben viele Personen aufstehen müssen!
- Suche laut und umständlich etwas in deiner Tasche!

Ist das Stören immer schlecht? Kann ein Stören nicht auch hilfreich sein? Erinnere dich an Situationen, in denen du dich sehr konzentriert verhalten hast und plötzlich wurdest du gestört. Zum Beispiel:

Bei einer Mathe-Aufgabe legte der Lehrer seinen Finger auf deine Matrix oder eine Lichthupe macht dich auf eine Gefahr aufmerksam. Dann sind Störungen doch recht hilfreich.

Hilfreiches Stören möge sich stets auf Sachthemen und Verhaltensweisen beziehen. Erfolgreich gestört wird dann, wenn beide letztlich einen persönlichen Gewinn verbuchen können. Das Erkennen des Gewinns wird häufig in der aktuellen Situation nicht immer sofort bewusst. Wirkungen brauchen ihre Zeit!

Hilfreiches Stören kann/soll, wie Schulleiter sagten, erfolgen:
- durch das Einbringen neuer Gedanken,
- durch beharrliches Nachfragen,
- durch das Einfordern von aktuellen Beispielen,
- durch gezieltes Provozieren,
- durch das Vorantreiben eins Geschehens,
- durch Ermahnen zum komplexen Handeln,
- durch das Aufdecken von Irrtümern,
- durch das Rütteln an dürftigen Fakten,
- durch einen Wechsel der Sichtweisen,
- durch das Hinterfragen,
- durch das Stellen von Gegenfragen,
- durch humorvolle Witze zum ernsten Nachdenken,
- durch die Infragestellung eines Sachverhaltes sowie
- durch das Drängen auf Eigenverantwortlichkeit…

Werde Meister im hilfreichen Stören! Wenn man stört, ergeben sich unterschiedliche Konsequenzen.

Der Störer hat vielleicht Bedenken, einen Fehler zu machen, die Beziehungen zu belasten, sich selbst ins falsche Licht zu rücken und mit den Folgen nicht fertig zu werden.

Der Gestörte wird verwirrt, wird gezwungen zu reagieren. Dazu einige Situationen:

Bei einem Problem wird geschwiegen. Du forderst zum Diskutieren auf: **„Und welche Meinung habt ihr dazu?"**
Ein Vater belegt mit unangepassten Worten die Mutter.
Du verlangst ein sachliches Gespräch:
„Was erwartest du denn von ihr?"
Du bemerkst, wie bei einem Familiengespräch ein Fehler entsteht. Du überlegst dir deine Worte und sagst:
„Diesen Zusammenhang sollten wir nochmals prüfen!"
Du nimmst wahr, wie ein Familienmitglied ausgegrenzt wird. Du sprichst den Ausgegrenzten direkt an:
„Hört euch doch mal ihre/seine Meinung an!"
Du wirst zum Diskutieren aufgefordert. Du bleibst ganz ruhig und sagst:
„Ich beobachte das schon eine Weile. Die Fakten sind mit zu dürftig."
Und welche Situation kannst du jetzt sofort hinzufügen?

Nutze diese für ein klärendes Gespräch! Jene Störungen verlangen von dir persönliche Stärke und der Gestörte muss dich als Mensch akzeptieren. Sonst kann dein guter Wille für dich recht kontraproduktiv werden.

Zum Beispiel, ein gemeinsames Ergebnis wurde erreicht und du mahnst - eigentlich berechtigt - zur kritischen Überprüfung an. Mögliche Folgen können sein:

- Du wirst als Besserwisser abgestempelt.
- Du wirst als belastend empfunden.
- Du wirst ignoriert.
- Du wirst belächelt.
- Dir wird Arroganz unterstellt.

Vor dem hilfreichen Stören solltest du scharf innerlich kalkulieren, ob du einen Gewinn für alle erreichst oder etwas zerstörst, vor allem dann, wenn die Argumente nicht ausreichen oder die Zeit noch nicht reif ist. Der rechte Zeitpunkt entscheidet für die Schlagkraft, um Korrekturen und Veränderungen zu erreichen. Frage dich, bewältige ich die Situation jetzt oder sollte ich sie vorerst nicht annehmen. Das Beachten des Bewältigens bzw. des Abwehrens ist nützlich, um die rechte Strategie zum hilfreichen Stören zu finden.

Hole dir doch einmal schriftlich **Rückmeldungen als „Störenfried"** ein! Erinnere dich hierbei an heftige Diskussionen mit Freunden, Bekannten oder Kollegen.
Schreibe dann eine E-Mail an den Betreffenden. Zum Beispiel: „Du kannst dich gewiss noch gut daran erinnern, als ich dir recht energisch widersprochen habe. Damit wollte ich dich keinesfalls verletzen. Mir war es wichtig, dich vor unbedachten Schritten zu bewahren.
Wie siehst du heute mein damaliges forsches Vorgehen? Und wie haben das wohl die anderen aus deiner Sicht aufgenommen? Mir ist eine

Rückmeldung von dir sehr wichtig, um an mir zu arbeiten und vor allem, um unsere Beziehungen zueinander gut zu festigen." Speichere deinen wohlbedachten Brief unter Entwurf, schlafe darüber zwei, drei Nächte, füge gegebenenfalls Korrekturen hinzu und sende ihn dann ab.

Und zum Vorlesen, Sprechen und Besinnen eine klein gedruckte pragmatische Störung: „Ein Rabbiner, ein katholischer und ein evangelischer Geistlicher werden gefragt, wann das Leben beginnt. Der Katholik erklärt, zweifelsfrei sei der Zeitpunkt mit der Befruchtung gegeben. Der Protestant betont: mit dem Entstehen eines körperlich erkennbaren Embryos. Der Rabbiner denkt kurz nach und meint schließlich:

,Nun ja, das Leben beginnt eigentlich erst, wenn die Kinder
aus dem Haus sind und der Hund gestorben ist.'"

Quelle: Jüdische Allgemeine 25.11.2010, Rabbiner J. Chaim Soussan

Probiere das hilfreiche Stören aus. Sprich mit anderen darüber und nenne deine Erfahrungen! Somit gewinnst du Mitstreiter im hilfreichen Stören, die keine Scheu haben, sich den Mund zu verbrennen, wenn es nötig ist.

Du bist doch ein David und kannst treffend Steine schleudern, wenn es unbedingt erforderlich ist! Ebenso, wie der junge Hirte mit Gottes Hilfe gegen den Riesen Goliath gekämpft hat.

Ach, hast du Philipp in deinem Brief hilfreich gestört? Wie fühlst du dich jetzt?

Sich entdecken und verbessern

Wie erlebst du dich? Wie erleben
dich deine Nächsten und die Anderen? Das sind wirklich keine leich-
ten Fragen, da die Anlässe und Situationen hierfür recht vielfältig
sein können. Und allein das Stellen
dieser Fragen ist ein hilfreicher An-
fang für die eigene Entfaltung. Wie
sehe ich mich selbst?

Unerwartet wurden kurz vor und nach einer mündlichen Abiturprü-
fung Schüler gefragt, „Wie siehst du dich jetzt?" Dazu einige Meinungen: gut vorbereitet, unsicher, zerbrechlich, wie eine Eiche, schwan-
kend wie ein Strohhalm, verworren, störanfällig, unausgeglichen, wie
ein Fels in der Brandung, hilflos, voller Power, ängstlich, kurz vor der
Zerreißprobe, erschöpft, erschüttert, gewachsen, unanfechtbar, ge-
knickt, unentbehrlich, wie der Retter in schwierigen Situationen oder?
Na, was wurde wohl vor der Prüfung gesagt?

Deutlich wurde dir, dass manche Umschreibungen stark von der je-
weiligen Situation abhängig sind.
Was ist für dein Selbstbild jetzt wichtig? Zeichne dich in einer Fron-
taldarstellung vom Kopf bis zu den Füßen auf einem DIN-A4-Blatt.
Schreibe nun zu den Körperteilen Worte und Wendungen, die zu dir

passen. Das kann bei den Augen „fröhlich", bei den Fingern „geschickt" und bei den Füßen „schnell wie Gepard" sein. Der Vielzahl der eigenen Entdeckungen sind keine Grenzen gesetzt.

Mache nun eine Pause. In dieser Pause kannst du bei einem Spaziergang in die Natur oder Bummel durch die Stadt mit deinem Selbstbild mental spazieren gehen. Später kannst du Korrekturen und Ergänzungen hinzufügen.

Erzähle zu gegebener Zeit einem dir vertrauten Menschen und später einer fremden Person *dein Selbstbild*. Bitte auch um Rückmeldung. Welche unterschiedlichen Meinungen willst du erwarten und wirst du empfangen? Vielleicht sind dann auch die Zuhörer bereit, über sich zu sprechen. Und du entdeckst einen anderen Menschen!

Der amerikanische Psychologe William Marston beobachtete und beschrieb bereits 1930 vier grundlegende Verhaltensstile.

Sein *DISG-Modell* sei dir nun, stark modifiziert, mit möglichen Fragen zum Test- Schnuppern angeboten.

Lese jede Aussage langsam durch. Zum Beispiel: „Ich löse gerne Probleme." Entscheide nun! Die Aussagen, die für dich zutreffen, kreuzt du einfach an. Du kannst dabei nichts falsch machen, denn es gibt bei diesem Test keine richtigen und falschen Antworten. Addiere dann in jedem Feld die Häufigkeiten deiner Ankreuzungen und stelle diese in einem Kreisdiagramm mit D, I, S und G dar!

Ich...

☺ löse gerne Probleme.	☺ überzeuge andere gerne.
☺ setze mich durch.	☺ beeinflusse andere.
☺ stelle gerne was infrage.	☺ bin vielseitig.
☺ mag direkte Antworten.	☺ bin optimistisch.
☺ bin risikobereit.	☺ bin kontaktfreudig.
☺ liebe schwere Aufgaben.	☺ verstärke Anregungen.
☺ entscheide schnell.	☺ habe viele Ideen.
☺ mag Veränderungen.	☺ fasse schnell Zutrauen.
☺ bin konsequent. **D**	☺ trage nicht nach. **I**
☺ bin geduldig.	☺ strebe nach Perfektion.
☺ ein guter Zuhörer.	☺ achte auf Genauigkeit.
☺ bin ausgeglichen.	☺ wäge Pro & Contra ab.
☺ scheue Veränderungen.	☺ bin gewissenhaft.
☺ bin loyal- konservativ.	☺ mache wenige Fehler.
☺ mag klare Arbeitsabläufe.	☺ bin sachbezogen.
☺ bin sehr ordentlich.	☺ sichere mich ab.
☺ besitze Spezialwissen.	☺ kontrolliere mich streng.
☺ brauche Sicherheit. **S**	☺ arbeite konzentriert. **G**

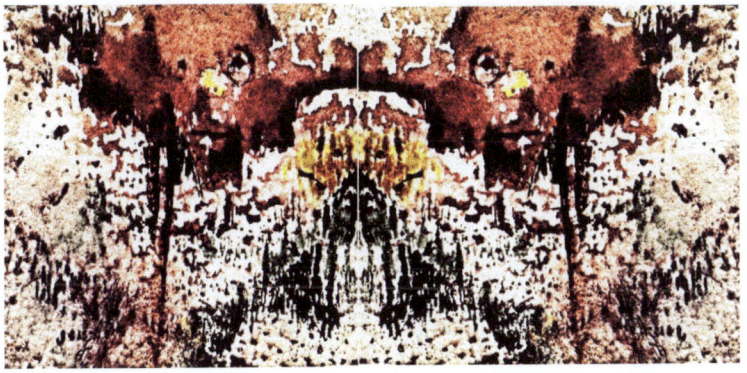

Die grundlegenden Verhaltensstile Marston beinhalten:

(D) Der dominante Typ ist ichbezogen, direkt, konsequent, durchsetzungsfähig, risikobereit, entscheidungsfreudig ...

(I) Der initiative Typ ist kommunikativ, auffordernd, teamfähig, optimistisch, vielseitig und will andere gewinnen...

(S) Der stetige Typ ist sympathisch, geduldig, konservativ, loyal, beständig ...

(G) Der gewissenhafte Typ ist qualitätsbewusst, kritisch, diplomatisch, genau und will hohe Standards...

Natürlich gibt es Mischtypen! Es ist recht unwahrscheinlich, dass jeder Typ bei dir zu 25% verteilt ist. Bedenke deine Ausprägungen. Selbstverständlich sind bestimmte Verhaltensweisen von den Aufgaben, Situationen und Umständen abhängig. Jedoch irgendwie sind einige Verhaltensweisen verfestigt, mehr oder weniger ausgeprägt. Dominanz kann zum Beispiel notwendig sein, Dominanz kann auch schädlich sein. Im Volksmund gibt es die Aussage:

„Unter einem großen Baum kann kein anderer gedeihen."

Äußerst aufschlussreich sind die Konsequenzen für die Teamfähigkeit einer Familie. Welche Probleme sich ergeben, wenn in einer Arbeitsgruppe von fünf Teilnehmern alle recht dominant sind, kannst du selbst erkennen. Eben, eine gute Mischung ist ideal. Inwieweit du darauf Einfluss nehmen kannst, ist eine andere Frage. Als

Leiterin/Leiter eines Unternehmens oder Teams darfst du dir hierbei keine Fehlbesetzungen leisten... in der Familie ist das schwieriger.

Das DISG- Modell findest du auch im Internet und gratis weitere Tests unter www.arbeitsblaetter.stangl-taller.at/Tests. Z.B.: „Stresstest", „Persönlichkeitstest: Eigenschaften- Situationen-Verhaltensweisen" und „Wie lerne ich am besten?"

Du hast jetzt erlebt, dass es bei deiner Selbstprüfung keine richtigen und falschen Antworten gibt. „Ich bin so und du bist so" könnte dir hilfreich sein, falls du ins Stocken kommst. In der Alltagspsychologie gibt es ja auch zu Partnerbeziehungen die Wendungen:

„Gleich und gleich gesellt sich gern." versus

„Gegensätze ziehen sich an."

Kopiere nun x-mal das Fenster mit den Items. Bitte dann einzeln Familienangehörige, Bekannte und gute Freunde sich einzuschätzen und ein Kreisdiagramm zu erstellen. Dann habt ihr viel Gesprächsstoff zum Besinnen, Reflektieren und Sprechen. Hierbei darf sich jeder selbst entdecken und eigene Veränderungen bedenken.

Nicht so kopflastig wirkt die folgende Aufgabe, sie ist einfach, rasch zu erledigen, unterhaltsam und macht Spaß. Ihre Nachhaltigkeit schließt jedoch das Grübeln und Innehalten nicht aus. *Prüfe dich* hierfür nun mit einer Partnerin/ einem Partner im *praktischen Handeln.*

Gemeinsam ist ein Auto vor Schaufenstern mit vielen Erwachsenen, Kindern, Hunden u.a. zu zeichnen. Ihr setzt euch gegenüber und auf den Tisch legst du quer ein DIN-A3-Blatt. Und einen Marker fasst ihr gemeinsam an. Na, wer packt wohl den dicken Stift unten und wer oben an? Gesprochen wird dabei nicht!

Erst wenn das Bild fertig ist, sprecht ihr über eurer vereintes Handeln. Sprecht darüber, wie es war, wie jeder sich gefühlt hat, wer was gezeichnet hat, wobei es in der Führung Probleme gab, wo der eine nicht wusste, was der andere will, wo es gut gemeinsam klappte, wer sich wann unterordnete und wann führte, was bei dem gemeinsamen Zeichnen wichtig war und worauf sollte jeder mehr achten?

- Und wie fühlst du dich nach diesem Experiment?
- Wie hast du deinen Partner wahrgenommen?
- Was hast du beim Handeln an dir entdeckt?
- Und wie hat man dich beim Kooperieren erlebt?
- Worüber solltest du mit ihr/ihm sprechen?

„Ach, wie fühlst du dich so richtig wohl?" Öffne den Kleiderschrank, hänge drei bis fünf Kleiderbügel irgendwo im Zimmer auf und stelle nun für bestimmte Anlässe Kleidungen zusammen. Nicht zu vergessen sind... die passenden Schuhe, Schmuck, Krawatte und anderes.

Einige Fragen mögen dich anregen: Wie will ich gesehen werden? Welchen Eindruck möchte ich bei anderen hinterlassen? Was sollen andere an mir sehen? Was passt überhaupt nicht zu mir? Was muss ich verdecken? Und was soll ich unbedingt verstärken?

Dazu ein Blick zur *Eigen -und Fremdwahrnehmung.* 1955 entwarfen die Sozialpsychologen Joseph (Jo)Luft und Harry(hari) Ingham das *Johari-Fenster.* Zeichne es auf ein DIN-A4-Blatt und trage Worte ein!

Das ist in fünf Minuten gewiss nicht zu schaffen.

Verhalten		mir selbst	
		bekannt	unbekannt
den andern	bekannt	**A** "öffentliche Person"	**C** "Mein blinder Fleck"
	unbekannt	**B** Privatperson	**D** unbekanntes

Es fragt, welches Verhalten ist dir selbst und anderen bekannt oder unbekannt.

Im A-Quadrat ist dein Verhalten dir und den anderen bekannt.

Im B-Quadrat ist dein Verhalten dir bekannt und den anderen nicht.

Im C-Quadrat ist dein blinder Fleck, d.h. dein Verhalten ist dir unbekannt, anderen jedoch bekannt.

Im D-Quadrat ist dir und den anderen dein Verhalten unbekannt.

Was ist nun zu tun, um die Eigen- und Fremdwahrnehmung zu optimieren? Mit A und B kannst du bestimmt gut leben, wenn dein Verhalten in Ordnung ist. Dein „blinder Fleck" ist und bleibt gewiss eine ständige Aufgabe. Und das Unbekannte kann erschüttern und erbauen. Was kannst du nun tun?

- Indem du dich bei anderen stärker offenbarst und auch einiges von dir preisgibst. Dazu könnten gehören: Hobbys wie Lieblingsmusik und -bücher, gewünschte Verhaltensweisen, Wünsche und Ziele...
- Wenn du Rückmeldungen zu deinen Offenbarungen, deinem Verhalten und zu dir einforderst und annimmst...
- Indem du zu deinen Schwächen stehst...
- Wenn du ernsthaft an dir arbeitest...
- und welche Aufgaben stellst du dir noch?

Wenn du dich mit dem Johari-Fenster angefreundet hast, dann frage andere einfach einmal: „Was ist dein ‚blinder Fleck'?" Und dann beginnst du zu erzählen!

Frage anschließend, wenn es sinnvoll und nötig ist, wie sie dich sehen. Und für dich beantwortest du, was kann ich gut, welche Verhaltensweisen bringen mich weiter, woran darf ich mich erfreuen und was sollte ich an mir verändern, verstärken und verbessern.

Und beachte, wer sich selbst finden will, darf andere nicht/ nicht immer nach dem Weg fragen!

Fasse das bildhaft zusammen! Zeichne einen Stuhl mit Armlehnen. In die Rückenlehne schreibst du, welche Verhaltensweisen andere an dir sehen, auf die Sitzfläche, deine lobenswerten, an die linke Armlehne jene, auf die du sehr aufpassen musst und an die rechte, die *Verhaltensweisen, die du unbedingt ändern musst.* An den Stuhlbeinen notierst du vier Namen von Personen, die zuerst deine Änderung/Verbesserung erkennen sollen!

Das könnte, wie Schüler einer 12.Klasse schrieben, sein: Zuverlässigkeit, Initiative, Gewissenhaftigkeit, Impulsivität, Einfühlungsvermögen, Selbstsicherheit, Gereiztheit, Launenhaftigkeit, Rücksichtnahme, Geduld, Fleiß, Bescheidenheit, Selbstdisziplin, genaues Zuhören, Beharrlichkeit, Ehrlichkeit, Anstrengungsbereitschaft...
Sich selbst verändern oder sich verändern lassen ist doch hier auch die Frage. Wer drängt dich zu Veränderungen?

Erinnert sei hier an das Verhalten der Fische in chaotischen Systemen. **(S.39 ff.)** Wer drängt dich als „normaler Karpfen", sich auf den Weg zu machen? Wer drängt dich als „pseudo-erleuchteter Karpfen", Ziele konsequent zu verfolgen? Wer ermahnt dich als „Hai", deine Ziele nicht auf Kosten anderer zu erreichen? Wer gibt dir den Mut und die Kraft, wie ein „Delphin" nur das zu tun, was für alle Sinn macht? Und welche Gedanken sind es bei dir, sich selbst zu ändern?

Entdecke dich selbst. Somit empfängst du Freude am eigenen Leben. Also Schritt für Schritt, du Häuflein klein. Sich verbessern ist jedoch ein mühsamer Weg.

Erlebte Führung betrachten und sich führen lassen

Bisher wurdest du von deinen Eltern oder anderen Personen mehr oder weniger durch das Leben geführt. Es gibt Menschen, die ausgezeichnet andere führen können, ohne jemals ein Managementseminar zu Führungsfragen erlebt zu haben. Woran kann das liegen? Es sind die elementaren Manieren, die sie in ihrer Herkunftsfamilie erlernt haben.

Um an dir zu arbeiten, ist es aufschlussreich, deine erlebte Führung zu betrachten, zu verstehen und zu begreifen, warum du so und so erzogen worden bist. Es gibt nichts Normaleres als zu sagen, ich werde dies und das später in meiner Familie ganz, ganz anders machen. Eine gewisse Protest- oder auch Oppositionshaltung zu den Eltern schafft Abstand und dient deiner Selbstbestimmung. Bis zum achtzehnten Lebensjahr wird manches anders gesehen als ab dem dritten Jahrzehnt. Dann wird nicht selten auch erkannt, so ähnlich wie die Eltern zu denken und zu handeln. Das wissen Eltern. Bedenke nun einmal, welche elementaren *Manieren* dir deine Eltern mit auf den Weg gegeben haben.

Hierfür seien dir sieben verschiedene Situationen vorgegeben. Denke darüber nach, welche Manieren bei dir zum Tragen kommen!

Beim Zusammentreffen mit einer fremden Person…

Beim Führen eines Gespräches…

Beim Lösen eines Problems...

Beim Motivieren für eine Aufgabe…

Beim Anhören einer Kritik...

Beim Bedanken für einen Hinweis.

Beim Verabschieden…

Falls du Startschwierigkeiten haben solltest, erhältst du hier einige Stichwörter, die Schulleiter nannten: Blickkontakt wahren, gut zuhören, den andern zu Wort kommen lassen, Wertschätzung praktizieren, echt und offen bleiben sowie Empathie aufbringen, Handy ausschalten, nichts verurteilen, Probleme erfassen, freundlich nachfragen, zum Sprechen ermutigen, keine Selbstdarstellung, Nähe und Distanz nutzen, bildhafte Worte, keine Besserwisserei, erzählende und argumentierende Phasen einfließen lassen, keine persönlichen Angriffe, kein Geschwätz, Ernsthaftigkeit und Humor präsentieren…

Wie bedeutsam elementare Manieren sind, schrieb bereits 1788 Adolph Franz Friedrich von Knigge in seinem Buch „Über den Umgang mit Menschen". Heute wird er als Urahn der Benimmbücher vermarktet. Jedoch dem aufmüpfigen Adligen ging es eigentlich um freiheitliche Ideale der Aufklärung. Er suchte Antworten auf die Fragen, wie ein Mensch sein Leben glücklich, sinnerfüllt und selbstbestimmt gestalten kann. Den verarmten Freiherrn widerte die glanzvolle Welt des Hofes mit den Unehrlichkeiten und Intrigen an. Durch seine hohen moralischen Maßstäbe in seinen politischen und satirischen Schriften fiel er in Ungnade.

Und was würde Adolph Franz Friedrich von Knigge zu unserer heutigen Zeit sagen? Wer fällt heute in Ungnade?

Zur Betrachtung deiner erlebten Führung seien dir unterschiedliche Situationen angeboten.

Welches Führungsverhalten hat dich lange
zum Nachdenken veranlasst?
Welches Führungsverhalten hat dich so belastet,
dass du die ganze Nacht nicht schlafen konntest?
Welches Führungsverhalten hat dich so aufgebaut,
dass du dich unbedingt bedanken musstest?
In welcher Lage wärest du für eine Führung
richtig dankbar gewesen?
Bei welchem Ereignis war es für dich eigentlich gut,
dass du nicht geführt worden bist?
Worüber ärgerst du dich heute noch,
dass du Worte anderer nicht angenommen hast?
In welcher Situation warst du im Nachhinein dankbar,
dass man dich einst regelrecht für etwas gezwungen hat?
Und wobei ist dir eine Führung
erst viel später bewusst geworden?

Beim Beantworten jener Situationen wurde dir deutlich, dass eine erlebte Führung ein Fundament zum Führen anderer ist.
In deiner erlebten Führung hast du gewiss Kritiker, Visionäre und Realisten erlebt. Dann bedenke:

- *Kritiker* **wollen** Fehler vermeiden, handeln nicht aus dem Bauch heraus, möchten alles vernünftig begründen und nach Kriterien ausrichten.
- *Visionäre* haben Träume, Vorstellungen von der Zukunft, eben Visionen.
- *Realisten* handeln in der Gegenwart und können das Machbare von Wunschvorstellungen unterscheiden.

Erinnere dich an Ereignisse, in denen du knallhart, energisch, überrascht, behutsam, liebevoll, vorsorglich, verantwortungsvoll und gewissenhaft geführt worden bist.

Aus deinem Leben weißt du, dass in einem guten Team Realisten, Visionäre und Kritiker nötig sind. So ist es auch in der Familie. Sind alle „Nörgler", „Spinner" oder „Realos" wird es wohl nicht gut gehen.

Das rechte Maß muss auch beim Loben und Tadeln bewahrt werden. Natürlich gibt es Situationen, in denen nicht immer reflexiv, vielmehr auch einmal impulsiv gehandelt wird.

Dazu ein Beispiel:
Ein alter Mann hat nicht vergessen, dass er zu seiner Schuleinführung die erste und letzte Ohrfeige von seinem Vater bekommen hat. Ja, warum? Seine Mutter hatte 1949 eine Torte mit Beeren aus dem Wald - ohne Schlagsahne - auf einem drehbaren Tablett auf dem Gartentisch serviert.

Und das Drehen des Tabletts war ein ganz besonderer Reiz. Er drehte und drehte und immer schneller. Dann flog die kostbare Torte mit den Heidel- und Preiselbeeren auf die Wiese! Und als der Vater mit der Kanne Malzkaffee am Gartentisch ankam, erhielt der Abc-Schütze blitzschnell eine Ohrfeige. Das war die Quittung zum Erleben der Fliehkraft.

Und woran erinnerst du dich jetzt?

Du wurdest bisher von deinen Eltern geführt. Lasse dich auch weiterhin von ihnen und anderen führen!

Sich führen lassen... kann klug sein. Man lässt sich gerne führen, wenn man in einer schwierigen Situation persönlich absolut nicht weiterweiß, wenn man im Dschungel oder beim Besteigen eines Berges einen kundigen Führer hat und wenn der Arzt einen Therapieplan aufstellt. Oder, wenn der Lehrer auch mal etwas besser weiß, wenn die Eltern eigentlich doch recht haben, wenn du die Worte anderer ernst nimmst und nicht glaubst, der Nabel der Welt zu sein.

Sich von andern führen zu lassen, kann recht sinnvoll sein, um nicht den „Schwarzen Peter" zu erhalten oder als Spielverderber dazustehen.

Stelle dir doch einmal vor, nach einer längeren gemeinsamen Winterwanderung sitzt eine Gruppe von dreizehn Personen in einer voll besetzten Raststätte im Halbkreis vor dem Kamin. Welche Geschichte könnte eine Wanderin erzählt haben, damit alle von sich aus - manche vielleicht zögernd - ihre Schuhe ausziehen und auf einen Haufen werfen?

Würdest du das auch tun? Wenn du dich in die Lage der Gruppe versetzt hast, solltest du auch einmal solche *Spiele zum Führen* ausprobieren. Ja, was ist vor dem Ausziehen der Schuhe wohl geschehen?

Die Wanderin hatte vorgeschlagen, vor dem Kamin unterhaltsam Spiele durchzuführen. Dafür gab sie folgende Instruktion: „Ich habe hier sieben Zettel. Auf jedem Zettel steht eine Aufgabe, die nicht genannt werden darf! Ihr bildet jeweils Paare, verlasst für fünf Minuten den Raum und überlegt euch eine tolle Geschichte, damit alle die Aufgabe durchführen."

Und was stand auf den anderen sechs Zetteln?
Bringt alle in eine fröhliche Stimmung und tragt dann einen Teilnehmer singend aus der Raststätte!
Alle sollen lautstark durcheinanderreden und die fremden Gäste zum Kopfschütteln bringen.
Erzählt eine Geschichte, damit alle ganz traurig werden und sich gegenseitig trösten!
Alle sollen sich freuen und umarmen.
Provoziert eine Situation, in der sich zwei Personen plötzlich fürchterlich streiten!
Alle sollen sich auf den Boden setzen und wie Frösche quaken!

Und zum Schluss durfte sich jeder als Belohnung eine Scheibe Brot oder einen Apfel nehmen. Aber nicht sofort essen! Die Wanderin stellte einen großen alten Wecker auf den Fußboden und sagte: „Der

Wecker klingelt in zehn Minuten. Und solange muss jeder seine Scheibe Brot oder seinen Apfel essen. Keiner darf eher fertig sein! Und das Sprechen ist jetzt verboten! Hört auf das Ticken. Alles klar? Dann los!"

Nach diesem spartanischen Essen durfte dann jeder sagen, was er gustatorisch erlebt hat. Das war ein erfahrungsreicher und besinnlicher Abschluss.

Dir fallen bestimmt noch viele ausgefallene Aufgaben für Feiern mit den Eltern, Freunden und in deiner Familie ein, um dich führen zu lassen! Nebenbei wirst du bei anderen Fähigkeiten und Talente entdecken, die dir bisher noch gar nicht so bewusst geworden sind.

Besonders bei unüblichen Spielen werden Autoritäten deutlich, die Einfluss und Ansehen besitzen und geschickt führen können. Hierbei wirst du auch erleben, welche Probleme beim Führen auftreten. Einige leisten Widerstand, andere akzeptieren die Angebote. Mancher ist skeptisch, hält sich zurück, ein anderer sieht seine Chance, um sich in der Gruppe zu beweisen.

Im Management werden die beiden Begriffe Widerstand und Akzeptanz gegenübergestellt. Entweder der eine leistet bei einem Projekt bitteren Widerstand oder er akzeptiert das Vorhaben. Jedem guten Leiter ist auch bewusst, dass in einer Gruppe und besonders einem Team ca. 5 % **Promotoren**, ca. 15 % **Widerständler**, ca. 40 % **Skeptiker** und ca. 40 % **Bremser** vorkommen. Sind die Prozentangaben Hirngespinste, eben schimärisch? Was meinst du dazu?

Natürlich kann es sein, dass einer Promotor in Mathematik ist und Bremser als Imker. Erinnere dich an Personen, von denen du dich gerne und weniger gerne führen lässt.

Bei wem leistest du Widerstand?
Bei wem bist du skeptisch?
Bei wem trittst du sofort auf die Bremse?
Und wem vertraust du voll?

Bei aller Selbstständigkeit, dem Streben nach Selbstentfaltung und Selbstverwirklichung gibt es stets ein Stück oder Stückchen menschlicher Hilflosigkeit. Auch bei der äußeren Weigerung, sich helfen zu lassen, keimt innerlich die Hoffnung, es möge ein Strohhalm zum Festhalten wachsen. Religiöse Menschen glauben an Gott, dem sie sich anvertrauen und ihre Wege in seine Hände legen.

Andere Menschen schöpfen ihre Kraft aus Visionen, Idealen, die ihr Denken und Handeln prägen. Das kann das Streben „Einigkeit und Recht und Freiheit" sein, wie ringsherum auf der deutschen zwei Euromünze zu lesen ist. Wie lange noch?
Nicht nur in hilflosen Lagen werden jene Gedanken mobilisiert. Sie bestimmen auch im normalen Alltag das Fühlen, Denken und Handeln.
Sich führen lassen, solange man keinen eigenen Weg erahnt, verschafft manche seelische Erleichterung. Es kommt auch darauf an, eingeschlagene Wege kritisch zu betrachten und ein Umkehren zuzulassen. Wer A sagt muss nicht B sagen, besonders dann, wenn der

eingeschlagene Weg sich als falsch erweist und wenn andere es besser wissen oder können! Und woran oder an wen denkst du jetzt? Sich führen lassen kann schmerzhaft oder erbaulich sein. In der realen Welt wird jeder irgendwie geführt, eben von der Natur, von Erkenntnissen, Menschen, Hierarchien, von Idealen, Visionen, Bräuchen, Gewohnheiten, Politikern und von seinem Glauben. Und wer oder was führte dich bisher? Nutze hierfür eine Familienstunde, in der jeder eine erlebte Situation zum ‚Führen' erzählt!

Zum Führen sei hier ein Jesuitenwitz zum Gehorsam erzählt:
„Bei einer Ordenstagung diskutiert man über Gehorsam. Der anwesende Jesuit wird gefragt: ‚Euer Orden legt auf den Gehorsam so großen Wert. Wie stellt ihr es an, dass er beachtet wird? '
Er antwortet: ‚Ganz einfach. Der Obere erkundigt sich zunächst bei seinem Untergebenen, was der will - und das schreibt er ihm dann vor. So haben wir nie Probleme mit dem Gehorsam. '
Nach einigem Überlegen wendet ein Mitglied eines anderen Ordens ein: ‚Aber es gibt doch auch Ordensleute, die selbst nicht wissen, was sie wollen. Was macht man mit denen? ' Der Jesuit erwidert:
‚Die macht man zu Oberen! '"

Quelle: Albert Keller, Sinn im Unsinn, Echter Verlag, Würzburg 2010, S. 52

Ist das heute noch aktuell?

Es ist verständlich, dass du dich manchmal nicht führen lassen willst. Beim Zurückblicken auf deine Vergangenheit wird dir jedoch bewusst, dass du bisher recht stark und auch oft unbemerkt von anderen geführt worden bist.

Der amerikanische Psychologe Albert Bandura untersuchte in den fünfziger Jahren die Wirkungen des Fernsehens auf Kinder. In dem Experiment ging der Junge „Rocky" in einem Spielzimmer recht aggressiv mit den Gegenständen um und misshandelte eine Puppe schwer.

Vorschulkinder wurden in drei Gruppen aufgeteilt. Die eine Gruppe beobachtete das Tadeln, die andere das Loben und die dritte Gruppe erlebte keine Reaktion auf das aggressive Verhalten.

Wie werden sich wohl die Kinder verhalten haben, als sie in den Raum mit der Puppe durften?

Das Beobachtungslernen belegt, dass die Aggressivität beim Tadeln reduziert und beim Loben verstärkt wird. Erfolgen keine Reaktionen, wird das Verhalten geduldet, wird die Aggressivität nicht minimiert. Und was wird nicht alles im Alltag geduldet? Besonders dann, wenn die Erziehungsauffassungen auseinanderdriften!

Das Beobachtungslernen wurde auch bei Tieren untersucht. In einem Käfig hatte ein Huhn zu lernen, eine Taste zu betätigen, um an Körner zu gelangen. Ein zweites Huhn befand sich außerhalb des Käfigs auf der Wiese und nahm anscheinend keine Notiz vom „Käfighuhn". Dann kam das „Freilandhuhn" in den Käfig. Die gestoppten Zeiten bewiesen, dass es bedeutend weniger Zeit benötigte. Es hatte so ganz nebenbei das „Käfighuhn" beobachtet und gelernt!

Dieses Gedankengut ist nicht neu. Bereits der Bischof und Philosoph Augustinus Aurelius (354- 430) sagte:

„Das Leben der Eltern ist das Buch,

in dem die Kinder lesen."

Wie viele Stunden erleben Kinder am Tag ihre Eltern? Ist eine gute, behütete Kindheit stets eine Garantie für eine starke Persönlichkeitsentfaltung? Kann eine schlimme Kindheit auch bedeutende Persönlichkeiten hervorbringen? Oh ja! Und an welche Persönlichkeiten aus Literatur, Kunst, Musik und Politik denkst du jetzt?

Denn Not macht erfinderisch und nicht wenige Persönlichkeiten haben eine schlimme Kindheit erleben müssen!

Erkläre anderen das Beobachtungslernen. Nutze hierfür lobenswerte Beispiele zum Diskutieren!!

Sich führen lassen muss nicht immer dumm sein. Wer nie richtig geführt wurde, wird andere auch nicht führen können. Oder…? Erlebte Führung ist ein Schatz, der dich bereichert.

Sich und andere führen

Falls du jetzt persönlich auf
Erfolgskurs bist, das Licht
am Ende des Tunnels siehst,
genau weißt, was die nächsten Hürden sind, kannst du
dir sagen, ich habe mich im
Griff, ich kann mich selbst
gut führen.

Stehst du jetzt aber vor einem Scherbenhaufen, fällt dir die Decke auf
den Kopf, siehst in dir nur ein Chaos, weißt du nicht, wo du anfangen
musst, findest alles doof und sinnlos, dann ist das sich selbst Führen
eine Last und eine Herausforderung zugleich.
Stelle dir einen großen Stahlschrank vor. Der Stahlschrank hat drei
Fächer. Ganz oben ist deine Vergangenheit, in der Mitte deine Zukunft und ganz unten deine Gegenwart. Die Schlüssel für das Fach
der Vergangenheit und Zukunft sind verloren gegangen.

Wenn du in der Gegenwart mal nicht weiterweißt, dann frage dich,
wie habe ich dies und das einst gemacht. Das kann recht nützlich sein.
Bestimmt findest du eine Situation von einst, die du auf die aktuelle
übertragen kannst. Das Übertragen erlernter Vorgänge auf eine andere Aufgabe nennt man in der Pädagogik und Psychologie Transfer.
Der Transfereffekt ist dann am stärksten, wenn die Situationen recht

ähnlich sind. Das ist dann ein positiver Transfer. Ein negativer Transfer liegt vor, wenn die Unähnlichkeit zunimmt.

Finde aus deinem Leben drei Beispiele für einen positiven Transfereffekt! Erkläre sie anschaulich deinen Nächsten!

Die Gegenwart ist meistens hart und voller Herausforderungen. Die Vergangenheit wird recht häufig in bunten Farben gesehen. Warum? Der Mensch verfügt über die gute Fähigkeit, etwas zu vergessen. Ohne etwas vergessen zu können, wäre die Gegenwart recht qualvoll.

Ständiges Grübeln über Fehler, über das eigene Versagen und die Angst vor dem heutigen Tag würde unser Handeln blockieren. Das Schlechte wird vergessen und das Gute gerne in den Himmel gehoben. Das ist eigentlich ein guter Schutzmechanismus. Deshalb brauchst du nicht immer den Schlüssel für Fach der Vergangenheit zu suchen! Jedoch dann, wenn du aus den Fehlern der Vergangenheit was lernen willst.

Was ist nun mit dem verschlossenen Fach Zukunft?

Hier hat jeder seine Vorstellungen, seine wertvollen Visionen und vielleicht schon recht klare Vorstellungen mit kleinen und großen Zielen. Kreisen Gedanken jedoch nur in der Zukunft, träumt man einen Traum nach dem anderen, dann baut man Luftschlösser und wird zum Traumwandler. Der Realitätsverlust ist vorprogrammiert. Diese Erkenntnis findest du bereits im Evangelium nach Matthäus 6,34:

„Sorgt nicht für morgen,
denn der morgige Tag wird für das Seine sorgen.
Es ist genug, dass jeder Tag seine eigene Plage hat. "

Auch die lange Suche nach dem Schlüssel der Zukunft kann man sich oft sparen. Denn was du heute kannst besorgen, das verschiebe nicht auf morgen.

Die Gegenwart ist das Fach, indem du mit der Vergangenheit Frieden schließt, die Zukunft mal zum Träumen nutzt und aus dem Alltag das Beste machst. Fühle, denke und handele im *„Hier und Jetzt"*, also in der Gegenwart.

Du bist für dich selbst verantwortlich, was in einer Gruppe, einer Familie, geschieht. Achte bei deiner Selbstführung auf das, was du siehst, was du hörst, was du sagst und was du denkst!

Stelle dir hierfür eine komplizierte Gesprächssituation vor! Frage dich, wie du vorgehen könntest. Beginne mit dir. Vielleicht mit einem Stoßgebet und denke an die sieben Bitten des Vaterunsers…Frage dich erst dann:

Was habe ich zu sehen? Ist der andere am Thema interessiert, wie ist seine Befindlichkeit, ist er aufmerksam, weicht er meinem Blick aus, was sagt mir seine Mimik, sind die Hände ruhig oder nervös, ruhen die Füße stabil auf dem Boden oder sind die Beine krampfhaft verknotet…

Was habe ich zu hören? Klare Worte, Unsicherheiten in der Stimme, Nervosität, Gereiztheit, Aggressivität, den inneren Bezug zu den Worten, sinnvolle Sprechpausen, Wärme, Kälte oder Härte in den Worten...

Was habe ich zu sagen? Was ich verstanden habe, präzise Fragen, treffende Impulse, das Wesentliche, Konsequenzen, helfende Kritik, Ermutigungen...

Was habe ich zu denken? Menschenfurcht bringt zu Fall. Menschenwerk ist Stückwerk. Der Nächste ist mir wichtig, wertvoll und braucht mich. Nähre deshalb die Seelen bedürftiger Kreaturen. Stehe anderen mit Wort und Tat bei!

Und bedenke, symbolisch bedeuten in der Heiligen Schrift die Zahlen „1" Gott, „2" die Zeit und „3" das Heilige.

Sei ein guter Leibwächter zu dir und allen anderen! Zu den wichtigen *Entscheidungen in deiner Selbstführung* gehören:
Die Entscheidung, stets an dir zu arbeiten,
die Entscheidung für das berufliche Leben
und die Entscheidung für keine oder für eine Familie.
Alle drei Entscheidungen deiner Selbstführung sollte man nicht getrennt sehen. Sie beflügeln einander.

Die Entscheidung, an dir zu arbeiten, ist gewiss nicht immer leicht. Das Schlimme hierbei ist, dass du keinen hast, dem du die Schuld geben kannst, wenn etwas nicht so läuft, wie du es willst. Denn oft steht man sich selbst im Wege, ist unausgeglichen, verärgert, launisch und unzufrieden.

Hierzu sei dir eine Begebenheit aus dem Alltag erzählt. Ein 70-Jähriger war zur Voruntersuchung für eine Operation am Grauen Star. Der Anästhesist fragte: „Welche Medikamente nehmen Sie ein?" Daraufhin erhielt er die Antwort: „Ich nehme jeden Tag zwei Pillen." „Und welche?" „Morgens nehme ich die Pille der Zufriedenheit und spätabends die Pille der Dankbarkeit."

Über diese Pillen darfst du mit deinen Eltern, Großeltern, Kindern und auch mit ganz fremden Menschen sprechen. Hierbei erfährst du, welche Bedeutung jene Pillen auch für deinen Alltag haben. Zu der Entscheidung, an dir zu arbeiten, wurdest du von deinen Eltern, Lehrern und vielen anderen liebevoll oder anders angehalten.

Die Entscheidung für einen Beruf kann ein Leben lang anhalten oder nicht. Fange aber nicht alles an. Bringe Begonnenes mit Hingabe zum Abschluss. Und du kannst dir mit gutem Gewissen sagen: „Ich habe was zu Ende gebracht."

Bei neuen beruflichen Entscheidungen hast du unzählige Möglichkeiten, dir rechtzeitig Informationen selbst zu beschaffen. Eigentlich kommt es nicht so sehr darauf an, was man macht, vielmehr wie. Und bei der nächsten Vorstellung kann man von dir sagen, der Bewerber hat Erfahrungen gesammelt, ist ein reifer Mensch, der weiß, was er will.

Du kennst bestimmt auch Menschen, die wissen nie was sie wollen, fangen alles an, bringen nichts zum Abschluss und schnattern wie die Enten. Du bist doch ein Adler, der Probleme erkennt, anpackt und löst. Und bedenke, es gibt in der Welt viele Menschen, die würden, auch bei einer guten Qualifikation, jede Arbeit annehmen.

Die Entscheidung für eine Familie nimmt einem auch keiner ab. Jeder kommt aus einer Familie/einer Partnerschaft. Eltern bemühen sich, das Beste aus Kindern zu machen, Kinder mit Liebe, Aufrichtigkeit, Strenge, Weitsicht, Frohsinn, Mühen, Verboten, Geboten und Geduld zu erziehen und zu begleiten.

Welche Gründe gibt es, das Leben nicht fortzusetzen?
Steckt dahinter die Angst vor der Verantwortung, Feigheit, die Scheu, sich nicht mit einer Partnerin/ einem Partner zusammenzuraufen? Denn eine Partnerschaft muss ein Leben lang geprüft, gepflegt und gefestigt werden. Das Führen einer Familie im gegenseitigen Einvernehmen ist keine leichte Aufgabe. Früher war das auch nicht leichter, aber anders.
Natürlich kann man sich für eine berufliche Karriere entscheiden, Geld und Güter horten, das Leben in vollen Zügen genießen, feste Beziehungen meiden und letztlich immer allein bleiben. Und was ist, wenn das Leben zu Ende geht? Mancher hat schon tagelang tot in seiner Wohnung gelegen.

Und noch wenige Worte zur beruflichen Selbstführung. Mancher verfolgt akribisch seine Ziele, macht ständig Häkchen an der

Karriereleiter und versäumt, sich am Wegrand an einem Gänseblümchen zu erfreuen. Frage dich, lebe ich, um zu arbeiten oder arbeite ich, um zu leben.

Andere zu führen, kann ein erstrebter Wunsch sein. Im Traum haben manche schon Heere geführt. In Wirklichkeit ist das Führen von Menschen Schwerstarbeit.

Dazu ein Blick in eine Fortbildung für Schulleiter. Es wurden die Fragen gestellt: Wann ist Führung tödlich, löblich und himmlisch? Diese Fragen darfst du dir auch zum Familien- und Berufsleben stellen. Die Gruppenarbeiten ergaben:

Führung ist tödlich:

- Wenn ich allen Lehrkräften alles recht mache...
- Wenn ich keine Forderungen stelle...
- Wenn ich die Waage zwischen den Aufgaben und Beziehungen nicht beachte...
- Wenn ich mir selbst im Wege stehe...
- Wenn ich die Selbstständigkeit der anderen untergrabe...
- Wenn ich die Kräfte der Lehrer falsch einschätze...
- Wenn ich Anerkennungen vernachlässige...
- Wenn mein Führungsstil launenhaft ist...
- Wenn ich Angst vor Begegnungen habe...
- Wenn ich meine Kollegen nicht so nehme, wie sie sind...
- Wenn ich ständig neue Veränderungen anstrebe...
- Wenn ich den Glauben an mich verloren habe...

- Wenn ich vereinbarte Ziele vernachlässige...
- Wenn ich durch neue Herausforderungen die Kooperation nicht fordere und fördere...

Führung ist löblich:

- Wenn ich Probleme nicht unter den Tisch kehre...
- Wenn ich zu meinen Fehlern stehe...
  - Wenn ich das Gute in meinen Kollegen sehe...
- Wenn ich Auseinandersetzungen nicht scheue...
- Wenn ich Selbsteinschätzungen fordere...
  - Wenn ich hart an mir arbeite...
- Wenn ich gegenüber der Schulaufsicht nicht abducke...
- Wenn ich wirksam Kritik einsetze...
- Wenn ich meine Mitarbeiter zum Finden von Ideen und Lösungen ermutige...
- Wenn ich die Neigungen und Begabungen der Kolleginnen und Kollegen gedeihen lasse...
  - Wenn ich Probleme meiner Lehrer ernst nehme...
  - Wenn ich Verantwortung abgeben kann...
  - Wenn ich das Wohl aller im Blick habe...
- Wenn ein gesundes Verhältnis zwischen „Beschleunigern" und „Bremsern" gewahrt wird...
- Wenn ich meinen Lehrkräften vertrauen kann...
- Wenn ich für Kritik offen bin...
- Wenn ich Verantwortung nicht scheue...
- Wenn ich Konflikte im Kollegium schnell erfasse...

Führung ist himmlisch:

- Wenn alle zufrieden sind...
- Wenn alle perfekt sind...
- Wenn mich alle mögen...
- Wenn ich fehlerfrei bin...
- Wenn es keine Auseinandersetzungen gibt...
- Wenn die Eltern uns vergöttern...
- Wenn alle Schüler Engel sind...

Und welche Gründe erinnern dich so richtig an dein Verhalten, deine Familie und an das Arbeitsleben?

Im weiteren Verlauf der Fortbildung wurde die Aussage zu den „Beschleunigern" und „Bremsern" aufgegriffen. Im Plenum wurde mit der Kartenabfrage zusammengetragen, was an „Beschleunigern" und „Bremsern" positiv und negativ ist.

Zum Schluss gab es nicht wenige Pluspunkte für die Bremser: gewissenhafte Arbeitsweise, Verlässlichkeit, kritisch wertend, weitblickend, bescheiden, sachlich, vorsichtig, behutsam... und Bedenken bei den Beschleunigern: häufig Strohfeuer, bringen wenig zum Abschluss, stiften Unruhe, stellen sich gern in den Mittelpunkt, möchten andere bestimmen, unternehmen oft Alleingänge, sind wenig anpassungsfähig...

Im Familienleben werden **„Beschleuniger"** nicht selten voreilig akzeptiert, **„Bremser"** nicht. Realisten nutzen die Leistungsfähigkeit der Beschleuniger und Bremser!

Allein mit Machtworten ist nichts getan. Was bedeutet denn, Macht über Menschen zu haben? In der üblichen *Machthierarchie* im Arbeitsleben hat der an der Spitze die Verantwortung und die Mitarbeiter müssen ihm dienen. Sie führen das aus, was gesagt wird. Eine Umkehrung dieser Hierarchie ist zu lesen im Evangelium nach Markus 9, 33-35:

„Sie kamen nach Kafarnaum. Als Jesus dann im Haus war, fragte er: ,Worüber habt ihr unterwegs gesprochen?' Sie schwiegen, denn sie hatten unterwegs miteinander darüber gesprochen, wer (von ihnen) der Größte sei.

Da setzte er sich, rief die Zwölf und sagte zu ihnen:

Wer der Erste sein will, soll der Letzte von allen und

der Diener aller sein."

Damit steigt die Verantwortung der Mitarbeiter und der Leiter wird zu einem guten Hirten. Und in einer Familie sollte jeder jedem ein *guter Hirte* sein.

Anstatt stets nur zu kontrollieren, immer alleine Entscheidungen zu fällen, nur Anweisungen zu geben, Feedback abzulehnen, steht der Dienst am Nächsten im Brennpunkt. Das verlangt gegebenenfalls auch ein Nichtbeharren auf einen Anspruch auf Führung. Das betrifft das Arbeitsleben, gesellschaftliche Wirken und das Leben der Familie.

Und jetzt erhältst du für die Familie und andere Begegnungen einige unterhaltsame Aufgaben und *Spiele zum Führen.*

Das erste Spiel bietet sich zu zweit und auch im Kreis für fünf bis sieben Teilnehmer an! Die Aufgabe besteht darin, ohne zu sprechen, ein Tier aus einem Blatt Papier zu reißen. Mit sehr hoher Wahrscheinlichkeit wird jeder an ein anderes Tier denken. Entweder der Partner/Nächste zerstört ständig das Tier des/der anderen, um seine Idee durchzusetzen oder er erkennt die Absicht des/der anderen, verzichtet auf seinen Anspruch und widmet sich ganz dem erkannten Tier.

Sage einfach: „Ich habe hier ein Blatt Papier. Daraus wollen wir ein Tier reißen. Ich beginne mit einem Riss von ca. 2 bis 4 cm und dann reißt der Partner oder der Nächste - ohne zu sprechen - das Papier ein Stückchen weiter ein." So wechselt das Blatt hin und her oder im Kreis, bis das Tier fertig ist. Hierbei werden nicht nur wertvolle Erkenntnisse deutlich! Sprecht darüber! Und wenn ein Pferd Flügel hat, dann…

Bist du schon einmal gründlich den Fragen nachgegangen, *warum lassen manche Menschen viel mit sich machen und andere lassen sich kaum etwas gefallen?* Ja, warum?

Dazu trugen Beratungslehrer locker in Gruppen Gründe zusammen, die später geordnet wurden.
Einige ungeordnete Gründe sollen den Einstieg erleichtern: selbstunsicher, erfolgreich, gedemütigt, selbstsicher, als Verlierer abgestempelt, erfolgsorientiert, depressiv, gutgläubig, ängstlich, gewissenhaft, Platzhirsch, skrupellos, von sich überzeugt, empfindlich, cholerisch,

lebenslustig, robust, vorsichtig, impulsiv, kontaktarm, initiativ, vertrauensselig, machtgierig, schüchtern, sanguinisch, dominant, reflexiv, phlegmatisch, intrigant, still, einfühlsam, extrovertiert, melancholisch, stabil, geduldig, aggressiv, stur, rücksichtslos, stetig …Einige Gründe wurden von den Lehrern lebhaft diskutiert.. Und was passt zu dir?

Zeichne die Umrisse von deinen Fußsohlen nebeneinander. Differenziere dabei zwischen Stand- und Spielbein. In die Fußsohle des Standbeins trägst du deine häufigen Eigenschaften ein und in die des Spielbeins die erwünschten. Dieses Produkt solltest du in einer Familienstunde einmal vorstellen. Wer wird das für sich auch einmal tun?

Oft fallen im Alltag die geflügelten Worte: *„Vertrauen ist gut, Kontrolle ist besser!"* Sie haben ihre volle Berechtigung, wenn jeder sie auf sich bezogen nutzt. Nicht wenige Menschen vertrauen zu sehr auf sich und haben die Eigenkontrolle vernachlässigt oder teilweise schon verloren.

Welche Person vertraut - aus deiner Sicht -
zu sehr auf sich und warum?
Wer hat - aus deiner Sicht -
seine Eigenkontrolle vernachlässigt und warum?
Wer hat - aus deiner Sicht -
die Eigenkontrolle bereits verloren und warum?
Und wie sieht das bei dir aus?

Die Umkehrung *„Kontrolle ist gut, Vertrauen ist besser!"* ist bestimmt des Nachdenkens wert. Was kann man denn alles kontrollieren? Eigentlich doch recht wenig. Was vermag man denn beim Kauf eines Fahrzeuges, eines Computers, eines Medikaments oder von Aktien kontrollieren? Vertrauen baut Brücken. Vertrauenskredit schafft Bindung.

Wird jedoch Vertrauen mit Füßen getreten, bleiben harte Auseinandersetzungen mit entsprechenden Konsequenzen nicht aus! Letztlich ist ein Vertrauensmissbrauch stets eine gemeinsame Niederlage.

Mit vier bis sieben Mitspielern kannst du *eine erlebnisreiche Vertrauensübung* durchführen. Eine mutige Person stellt sich in die Mitte des Raumes und schließt die Augen. Die anderen stellen sich um sie herum. Nun soll sich der eingeschlossene Spieler fallen lassen! Die anderen haben ihn sanft aufzufangen und in eine andere Richtung zu stoßen. Und so geht es weiter, bis sich die nächste Person in die Rolle des Fallenden begibt. Die Aufgabe muss allen genau erklärt werden, die Freiwilligkeit ist klar, Vorsicht bei Brillenträgern. Im Anschluss sollen besprochen werden:
Wie hast du dich gefühlt? Welche Gedanken gingen in dir vor? Was verdeutlicht uns das? Wovon hängt das Vertrauen ab? Und, und, und…

Vertrauen zu anderen Menschen ist ein Grundwert. Vertrauen zu anderen Menschen erfordert eine nötige Portion Selbstwert. Und wer sägt an deinem Selbstwert? Bewahre dich vor einer unbedachten Retourkutsche! Baue den Selbstwert des „Sägers" auf! Er soll spüren und erkennen, dass ein Schlagaustausch nicht weiterhilft. Dies kann für den „Säger" der erste Schritt sein, um über sich nachzudenken! Erinnere dich doch einmal an Personen, die still, eifrig und ständig am „Sessel" ihres Chefs sägen! Nicht selten zeigen sie sich hilfsbereit, freundlich und geduldig wie ein Schaf. Jedoch irgendwann schlagen sie hinterhältig heftig zu!

Frage dich, womit nährst du deinen Selbstwert, um andere zu führen. Ein begründeter Selbstwert und Gottvertrauen geben dir die Kraft, mit Werten zu führen, und die Freiheit, gezielt Widerstand zu leisten.

Führe andere so, wie auch du geführt werden willst.

Provoziere die Selbsterkenntnis! Dazu eine Anregung aus der traditionellen Logik. Das berühmteste Beispiel für einen *Syllogismus* bezieht sich auf den Philosophen Sokrates:

„Alle Menschen sind sterblich. Sokrates ist ein Mensch."

Was sagt das? Ein Syllogismus ist ein aus zwei vorausgeschickten Sätzen gezogener logischer Schluss vom Allgemeinen auf das Besondere. Oder stelle dir vor, der Chef deines Vaters sagt: „Sie sind in unserem Team ein wertvoller Mitarbeiter. Über Ihre Kinder können Sie sich freuen."
Welche Schlussfolgerungen darfst du ziehen? Was könnte diese Aussage bewirken? Was ist das Besondere? Und nun noch einige Syllogismen:

„Wenig sprechen. Viel sagen."

„Viel leisten. Auf Anerkennung nicht warten."

„Sich selbst nicht schonen. Andere fordern."

„Karriere kennen. Grenzen erkennen."

„Verantwortung haben. Menschen dienen."

Ein Syllogismus eröffnet vielfältige Assoziationen. Beispiele findest du beim genauen Beobachten fast massenweise in der Werbung: „Der Mensch braucht die Natur. Die Natur braucht ihn nicht." „Auto haben. Bahn fahren."

Eifrige Schüler einer 12.Klasse erbauten sich am „Basteln" von Syllogismen. Dazu ein Werkeinblick:

„Im Lichte taumeln. Im Dunkeln sehen."

„Alles hören. Nichts verstehen."

„Schuften bis zum Umfallen. Undank ernten."

„Hass ernten. Liebe geben."

„Kinder haben. Alleine sein."

„Geld haben. Nichts abgeben."

„Die Uhr kennen. Die Zeit verpassen."

„Vieles tun. Nichts erreichen."

„Die Glocken hören. Nichts begreifen."

„Den Splitter sehen. Den Balken nicht wahrhaben."

„Hart an sich arbeiten. Dem Schwachen beistehen."

„Verbote statt Grund- und Bürgerrechte."

Das Wecken von Selbsterkenntnissen ist eine dankbare und zugleich recht wirksame Aufgabe. Vieles Reden ist meistens nicht angebracht.

Nachhaltigkeit wirkt. Eben zwei Sätze, über die nachgedacht wird. Auch so kann man andere führen!

Formuliere einige Syllogismen, um andere gedanklich anzuregen und elegant zu führen! Z.B.: „Gute Preise. Gute…"

Und welche Möglichkeiten siehst du, Syllogismen einzusetzen?

Ein Syllogismus bietet sich an, um eine Gesprächsrunde zu eröffnen. Du sagst zum Beispiel: „Treu sein. Betrogen werden." „Chef sein. Chef bleiben." Dann kann sich jeder dazu äußern und Gesehenes oder gar Erlebtes hinzufügen.

Ein Syllogismus bietet sich an, um ein laufendes Gespräch zu lenken: Salomo sagte: „Wer Zucht liebt, der wird klug; …" oder: „Freue dich deiner Jugend. Ehe Alter und Tod kommen."

Ein Syllogismus bietet sich auch an, um nach einem guten Gespräch ein letztes Wort mit auf den Weg zu geben. „Was sichtbar ist, das ist zeitlich, was aber unsichtbar ist, das ist ewig." (2. Kor 4,18) Oder: „Kinder haben. Gott danken."

Jedoch hundertprozentige Voraussagen, was eine Führung bringt, sind schwierig. Halte dich beim Führen an das Wetter!

„Häufig Sonnenschein, hin und wieder Regen und manchmal ein reinigendes Gewitter."

Manipulationen durchschauen und Nein sagen

In der Naturwissenschaft wurde der Begriff **Manipulation** erstmals 1716 im Zusammenhang mit pflanzlichen Drogen und Naturheilverfahren gebraucht.

Im Alltag wird jeder manipuliert. Hierbei denkt vielleicht mancher daran, andere über den Tisch zu ziehen oder sich selbst ins rechte Licht zu setzen. Das reicht vom Anlächeln und lieblichen Worten bis hin zum skrupellosen Manipulieren.

Manipulationen gedeihen in der Politik, der Werbung, den Medien, bei Vorgesetzten und dem eigenen Partner. Alle wollen irgendetwas und nutzen hierfür Kunstgriffe. In der Werbung reagieren Menschen besonderes auf Tiere, Kinder, Sex und Humor. Und wie ist das mit der Angst?

Manipulation ist eigentlich etwas ganz Menschliches. Das per se weder gut oder schlecht ist. Das ist nicht neu!

Wie eine Stallmagd vor über 100 Jahren manipuliert wurde, zeigt folgendes Beispiel.

Das III. Kapitel „Menschenwesen und Menschenwert" von dem Pfarrer Otto Funcke aus dem Jahre 1912 beginnt mit der Frage:

„Wer ist vornehm? Es ist fast komisch, wie jetzt alle Welt danach strebt, v o r n e h m zu sein. Die Leute, die allerlei zu verkaufen haben, rechnen mit dieser Tatsache. Sie wissen, dass sie ihre Waren am wirkungsvollsten anpreisen, wenn sie sie den Kunden als ‚vornehm' bezeichnen. Nicht nur von einer Zimmereinrichtung, auch nicht nur von einem Kopfputz, nein, auch von einem Bucheinband, von einem Bilderrahmen, von Briefpapier und noch kleineren Dingen heißt und ist das höchste Lob: ‚vornehm'. Auf diesen Leim gehen die meisten. Denn wenn der Verkäufer einer S t a l l m a g d, die einen knallroten Hut mit liebenden Blicken betrachtet - ich sage, wenn der Verkäufer ihr sagt: ‚Fräulein, den kaufen Sie! Der ist v o r n e ‘m - dann sagt das ‚Fräulein' n i c h t: ‚Wenn der Hut vornehm ist, so kann ich ihn nicht brauchen, denn ich bin eine Kuhmagd. ' Nein, so sagt sie nicht, sondern sie k a u f t den knallroten Hut, w e i l e r v o r n e h m i s t; denn auch sie will vornehm sein. Und ihr Bruder, der Straßenkehrer, und der junge Mann, der seit einem Jahr ‚mit ihr geht', seines Zeichens ein Pferdeknecht- sie denken genau ebenso. Sie wollen alle vornehm sein. Das ist ein Zeichen unserer Zeit."

Quelle: Funcke, Otto: Alltagsfragen in Ewigkeitslicht, Stephan Geibel Verlag, Altenburg 1912, S. 185f.

Und heute wollen alle, besser nicht wenige...?

Manipuliert werden ist nicht immer unangenehm, oft sogar sinnvoll und wo? Beobachte doch einmal in Türmen und Treppenhäusern, ob du nach oben links- oder rechtsrum geführt wirst. Und wie ist das bei den Ein- und Ausfahrten im Kreisverkehr? Oder... bitte einmal andere, einen Walzer zu tanzen, der beginnt? Finde Gründe, warum das so sein könnte und so ist. Sind die Uhrzeiger eine Eselsbrücke?

Jedoch nicht wenige Manipulationen sind zum Hineintappen einfach Fallen. Die Werbepsychologie versteht es ausgezeichnet, Kunden so oder so zu manipulieren.
Denke doch einmal beim nächsten Einkauf gezielt an das Manipulieren. Dazu einige Hinweise.

Fleischwaren stets ganz hinten, davor oder am Eingang Gemüse und Obst, alle preiswerten Waren zum Bücken und Behindern der anderen Kunden ganz unten. Es wird fast ein schlechtes Gewissen erzeugt, wenn man umständlich nach einem gesuchten Artikel gieren muss und andere so richtig stört. Und an der Kasse dann wieder die Dinge in Augenhöhe und zum Greifen nahe, die man eigentlich nicht kaufen will. Und das auch noch für Kinder, Alkis und Raucher!

Irritationen werden geschürt. Die Preise bleiben stabil, jedoch die Füllmengen werden kleiner. Und manche Verpackung wird immer größer, die Menge des Inhalts bleibt unverändert. Und was meinst du zu folgendem Sprichwort?
„Erst wenn du im Sarg liegst,
haben sie dich das letzte Mal reingelegt."

In der Markt- und Werbepsychologie gibt es vielfältige Strategien, um bei den Kunden Motive zum Kaufen zu entwickeln. Die exakte Kenntnis von Kauftypen ist zum Beispiel bei Autoverkäufern unerlässlich. Denn ein Gebrauchtwagenkäufer ist anders als der, der neusten Oberklasse.

Einige Markstrategien sind dazu übergegangen, an die Motive einer gedachten - sogenannten „Primitiv-Person" - im Verbraucher zu appellieren. Der Kunde wird unbewusst auf Bedeutungen und Erlebnisse des Produktes angesprochen. Das bedeutet, Produkte werden gezielt mit Wünschen, Erwartungen und Visionen gekoppelt. Und welche?

Kosmetikartikel appellieren …

Nahrungsergänzungsmittel bewirken…

Champagner verweist...

Welche Assoziationsziele werden wohl verknüpft mit einem Cabrio, einem Bikini oder einem Biedermeierzimmer aus Kirschbaum? Bereits im alten Ägypten war ein eigenes Totenbuch ein Statussymbol.

Nicht vergessen seien politische Meinungsdiktatoren. Einige Politiker beherrschen vorzüglich Manipulationstechniken, um vor Obdachlosigkeit, Arbeitslosigkeit, Kinderarmut, Meinungsfreiheit, Demokratieabbau abzulenken. Zielgerichtet werden das Fühlen und das Denken der Bürger durch Falschmeldungen, Auslassungen sowie Zusätzen von Informationen manipuliert. Gehirnwäsche kennt keine Grenzen!

Der folgende „Anzeiger" soll dich anregen, weitere Spots zu gestalten! Und wie wäre es mit einem Familienabend?

Der Anzeiger

(Heute gültig und später!)

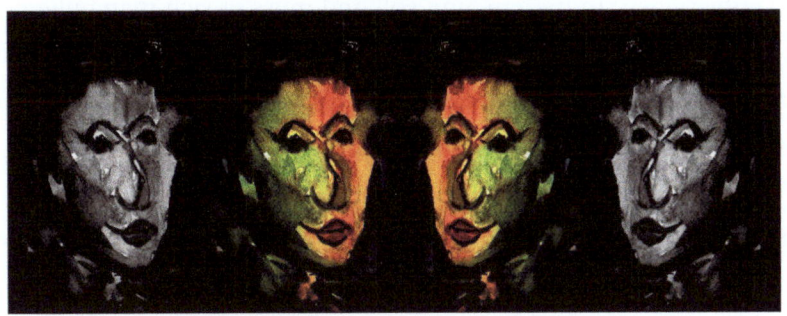

Glücklich sind die Ahnungslosen.
- VEREIN DER GUTGLÄUBIGEN. –

Die Inflation explodiert. Nicht bei uns!
Ihre Krötenbank

Top – Konserven
Mitgefühl. Nächstenliebe. Toleranz. Freundlichkeit.
Ihre Zaunkönige

Fahrpläne für persönlichen Erfolg eingetroffen!
„Callcenter Peter-Prinzip!"

Ausverkauf:
HERZENSBILDUNG UND POESIE!
- Förderkreis der Feinsinnigen -

Du widerstehst Manipulationen, wenn du sie rasch entdeckst, blitz-schnell reagierst und dich selbst vortrefflich selbst manipulierst! Denn: „Der Mensch ist in seiner Freiheit sich selbst überantwortet und aufgetragen. In diesem Sinn soll und muss er sich manipulieren. (K. Rahner) Diese *Selbstmanipulation* bedarf aber im konkreten Einzelfall der ethischen Bewertung; sie darf die Grundrechte der menschlichen Würde und Freiheit nicht verletzen.“

Quelle: Arnold, Eysenck, Meili: Lexikon der Psychologie, Bechtermünz Verlag im Weltbild Verlag, Augsburg 1996, S. 1306

Die Selbstmanipulation setzt einiges voraus: Selbstdisziplin, reale Selbsteinschätzung, einen starken Willen, klare Zielsetzung, Beharr-lichkeit, bestimmte Charaktereigenschaften und ein entsprechendes soziales Umfeld.

Selbstmanipulation geschieht zum Beispiel durch das Verzichten auf verschiedene Dinge; das sofortige Nachsehen bei Unklarheiten; das Verringern der Fahrgeschwindigkeit in Kurven; das Mundhalten, wenn man es auch nicht besser weiß; das Einmischen, um der Wahr-heit näher zu kommen…
Welche Manipulationen hast du noch rechtzeitig erkannt? Wobei hast du dich selbst so richtig gut manipuliert?

Eine besondere Aufmerksamkeit wird gefordert bei drohender Ge-hirnwäsche, z.B. durch Scientologen, sowie bei Pharmaka, die Leis-tungssteigerung bewirken.

Nutze das Thema „Manipulationen durchschauen" für Familiengespräche. Wer wird wohl die besten Beispiele erzählen und erlebte Fallen preisgeben?

Und wie ist das mit dem *Nein sagen*?

Beim Kommunizieren kann ehrlich etwas bejaht werden. Es gibt auch Gesprächssituationen, in denen etwas bejaht wird, ohne es eigentlich zu wollen. Dann fühlt sich der Gesprächspartner häufig nicht angenommen, enttäuscht, belogen oder alleingelassen.

Ein deutliches Nein ist ehrlicher. Ein Nein ist in der aktuellen Situation vielleicht enttäuschend, jedoch letztlich helfend, da der andere genau weiß, woran er ist. Einige Antworten sollen dies zeigen:

„Das Thema interessiert mich nicht."

„Suche dir hierfür andere Gesprächspartner."

„Das weiß ich auch nicht."

„Dazu möchte ich nichts sagen."

Oder chinesisch… nur lächeln.

Und was bewirkt ein Nein? Hierzu ein kurzer Blick in die Erziehung. Der Wunsch zum Helfen wird bereits bei Kindern im Alter von vier bis … Jahren ganz deutlich. Sie wollen bei unterschiedlichen Tätigkeiten im Haushalt, bei den Heimwerkern oder bei der Gartenarbeit einfach mitmachen und fragen häufig: „Kann ich helfen?" Die Eltern stehen hierbei vor der schwierigen Aufgabe, manches nicht selbst zu tun, vielmehr sich Zeit zu nehmen, die Kinder tun zu lassen und viel Geduld zum Erklären aufzubringen. Dieses Zusammenarbeiten ist für Kinder ein wertvolles Erlebnis und für die Eltern eine erbauliche Entdeckungsfahrt.

Jedoch wenn ein Kind bereits eine Tätigkeit allein ausführen kann, äußert es auch oft den Wunsch, dass Erwachsene noch helfen. Dahinter kann Unsicherheit stecken, Angst, etwas falsch zu machen, oder auch „nur" das Bedürfnis nach Zuwendung. Wenn dann ein „Nein" gesagt wird, muss das Kind aus möglichen Fehlern lernen, seine Angst überwinden und alleine zurechtkommen.

In diesem Sinne fördert ein „Nein" die Entwicklung des Kindes und fordert das „Selbsttun". Das ist dann eine Hilfe zur Selbsthilfe.

Das bewusste Verweigern von Hilfe praktizieren auch Lehrer beim Unterrichten, indem sie sich bemühen, die Schüler zur Eigenverantwortung und Selbstständigkeit zu ermutigen. Dazu einige Aufforderungen aus dem Unterrichtsleben:

„Wie war das bei der vorigen Aufgabe?"

„Überlege dir andere Lösungsmöglichkeiten."

„Welche Fragen könnten für dich jetzt hilfreich sein?"

„Schau dir das noch einmal an!"

„Kläre das selbst!"

„Wie weit werde ich wohl deinen Gedanken folgen können?"

„Wie könntest du das noch sehen?"

„Wie soll ich das verstehen?"

„Du musst erst herausfinden, wo genau du Hilfe brauchst!"

„Benenne dein Problem, wäge Pro & Kontra ab, dann brauchst du meine Unterstützung nicht."

„Denk mal über dich nach."

Diese Fragen und Aufforderungen bieten sich auch vorzüglich bei der Hausaufgabenhilfe an.

Natürlich sind diese wohlwollenden Verweigerungen der Hilfe nicht in jeder Situation und schon gar nicht bei jedem Schüler erfolgreich. Lehrer müssen ständig situativ und schülerbezogen reagieren.

Verweigerungen werden oft recht kess verpackt. Sie können bei leistungsstarken Schülern innere Wut und langes Nachdenken auslösen. Es keimt der Gedanke, der Vorsatz: „Ich werde es der Lehrerin/dem Lehrer beweisen, dass es so nicht ist, dass ich es kann!"

Solche wurmenden Provokationen könnten sein:

„Soll ich dich heute mit ‚Sie' anreden?"

„Deinen Intelligenzquotienten hast du wohl
in den Urlaub geschickt?"

„Jetzt hat sich deine Kombinationsfähigkeit aufgehängt!"

Die hierbei entstehende Wut hat auch eine soziale Komponente. Die Blamage vor der Klasse. Einige Schüler freuen sich. Aber das kann ein selbstbewusster Schüler wegstecken! Er weiß ganz genau, dass sein sozialer Status vielmehr darunter leidet, wenn Lehrer ständig sagen würden:

„Von dir können sich andere eine Scheibe abschneiden!"

„Du bist unser Musterschüler."

„Das hast du wieder brillant gemeistert."

„Klassenprimus bleibt Klassenprimus!"

Leistungswillige Schüler brauchen das nicht. Ein entsprechender Blick vom Lehrer, auch von den Eltern, reicht schon aus.

Anerkennung erfahren strebsame Schüler durch die eigene Leistung! Und wenn es einmal nicht so ist, dann bietet sich für Heranwachsende und Erwachsene das Gebet zur Gelassenheit von Friedrich Christoph Oetinger (1702-1782) an.

„Gott gebe mir die Gelassenheit,

Dinge hinzunehmen,

die ich nicht ändern kann,

den Mut, Dinge zu ändern,

die ich ändern kann,

und die Fähigkeit,

das eine vom anderen zu unterscheiden!"

Es ist nicht einfach, ein Nein zu sich zu sagen und ein Nein in der eigenen Lebensplanung durchzuhalten und andere zu einem Nein zu bewegen, erst recht nicht.

Das Nein sagen ist der Medien- und Konsumgesellschaft eine Herausforderung. Die Fülle von Informationen, gesichertem und ungesichertem Wissen, erfordert Selbstbesinnung und Selbstbestimmung, um zu entscheiden, welches Wissen man braucht und worauf man gut und gern verzichten kann. Allein die wachsende Flut an Informationen in den Suchmaschinen brachte schon manchen zur Verzweiflung. Nicht selten wird die Frage gestellt: „Wo ist denn das, was ich wirklich brauche?"

In der heutigen Zeit ist das Klischee *„Wissen ist Macht"* kritisch zu überdenken. Die Umkehrung *„Wissen ist wachsende*

Hilflosigkeit' lässt andere, ja neue Ziele und Werte erahnen, die zu entdecken sind!

Könnte das auch ein Loslassen sein? Dazu nebenbei eine Fabel aus Indien. Sie erzählt, wie man einen Affen fängt.

Man setzt einen schweren Krug mit Früchten in eine Waldlichtung und bindet ihn fest. Der Affe greift hinein, um sich Früchte herauszuholen. Die Jäger fangen an zu schreien und zu brüllen und stürmen auf den Affen zu. Den Krug mit den Früchten will er nicht loslassen. Und so wird dann der Affe von den Jägern gefangen. Loslassen ist auch ein Nein! Und wobei fällt das richtig schwer?

Es hilft nicht weiter, einfach zu resignieren, weil das Wissen ständig zunimmt. Entscheidend bleibt die Fähigkeit, mit dem Wissen umzugehen. So wie man einen Desktop sinnvoll einrichtet, Ordner anlegt, Exzerpte archiviert, Favoriten aktualisiert, E-Mails löscht und den Papierkorb regelmäßig leert, die Bibliothek und andere Datenträger ordnet sowie Ideenspeicher aufbaut, nutzt man das, was nötig ist. Wissen kann und muss man sich ständig neu aneignen. Ach, sind deine USB-Sticks immer auf dem aktuellen Stand? Mancher speichert und speichert und hat bereits längst schon die Übersicht verloren. Die Fähigkeit des Umgangs mit dem Wissen ist ein Schlüssel, um nicht hilflos zu werden.

Nein sagen ist auch Selbstschutz. Alle Aufgaben von heute und von morgen kann keiner auf einmal erledigen. Hierzu hat der Präsident Dwight David *Eisenhower* ein *Diagramm* entwickelt, welches nach ihm benannt wurde. Dieses Eisenhower Diagramm ist für die familiäre, schulische und berufliche Arbeit sehr hilfreich.

	nicht dringlich	dringlich
wichtig	B- Aufgaben planen und möglichst selbst erledigen	A- Aufgaben sofort selbst tun!
unwichtig	D-Papier-korb	C- Aufgaben delegieren, reduzieren, nachrangig erledigen

A: Aufgaben müssen sofort und selbst erledigt werden, da sie dringlich und wichtig sind. Geschieht dies nicht, kommt es zu Verärgerungen und Problemen.

B: Aufgaben gehören zu den wichtigen, aber noch nicht dringlichen Aufgaben. Sie umfassen Planungsarbeit, Gespräche mit Beteiligten, Prüfung der Finanzen, das Pflegen von Freundschaften, Sport, Kultur usw. Diese kann man aufschieben, jedoch nicht vergessen. Warum? Rasch können sie zu A-Aufgaben werden und eine Überbelastung zur Folge haben.

C: Aufgaben sind dringlich. Es sind Aufgaben, die andere übernehmen können. Es erfolgt also ein Delegieren. Das schließt bei allem Vertrauen das Beobachten und Kontrollieren bis zur Erledigung der Aufgaben nicht aus.

D: ist der Papierkorb. Jene Aufgaben sind weder wichtig noch dringlich. Dazu gehören überflüssige Unterlagen, alte Kataloge, unnötiges Werbematerial oder längst abgeschlossene Aufgaben, wenn eine Archivierung keinen Sinn macht.

Kann man dieses Diagramm auch für das Familienleben nutzen? Versuchen es doch einmal!

Eltern und ihren Kindern wurde das Eisenhower Diagramm vorgestellt. Die Eltern füllten es zum „Leben einer Familie" mit folgenden Aussagen: Vertrauen, das Kooperieren pflegen, lügen, gemeinsames Handeln, Aufgaben verteilen, zusammenhalten, Rechthaberei, Rücksichtnahme, versöhnen, Schadenfreude, miteinander sprechen, das Zuhören, tägliche Erinnerungen, Selbstbewertungen, Ordnung halten, Achtung voreinander, Höflichkeit, Debatten, Frohsinn, sich selbst zurückziehen dürfen, Geduld, Missgunst, Gespräche unter vier Augen, gemeinsames Beten, gegenseitige Vorwürfe, Hinterfotzigkeit, Einfühlungsvermögen, Streit über Nichtigkeiten, das Vergeben, gemeinsame Erlebnisse planen, Mauern des Schweigens durchbrechen, Liebe, Zärtlichkeiten, Gleichgültigkeit, Harmonie, Finanzen ordnen, Unzuverlässigkeit, regelmäßig über das Familienleben sprechen, Zuverlässigkeit, kulturelle Höhepunkte, Zynismus, Ermutigungen und anderen mal die Ruhe gönnen.

Den Papierkorb hast du bestimmt rasch gefüllt. Was hast du delegiert? Welche Aufgaben und Verhaltensweisen hast du zurückgestellt? Welche sind für dich und die Familie wichtig und dringlich? Dafür wird gewiss eine Familienstunde sinnvoll sein! Übrigens, das Eisenhower Diagramm kann man auch für die Lebensplanung nutzen!

Was ist denn im Leben wichtig und dringlich?

Was ist im Leben wichtig?

Was ist im Leben dringlich?

Und was muss in den Papierkorb?

Und die jugendlichen Schüler füllten es an diesem Abend zur eigenen „Lebensplanung" mit folgenden Gedanken:

Gehässigkeit, gute Leistungen, Fleiß, gegenseitiges Verstehen, Geld, Vertrauen, Macht über Menschen, Fehler einsehen, Gewissen, Robustheit, Hinterhältigkeit, Gottesfurcht, Neid, Gesundheit, Studium, Beruf, Eltern, Menschlichkeit, Stolz, Liebe üben, Schadenfreude, Intelligenz, Teamfähigkeit, Ehrlichkeit, Sex, Misstrauen, Anerkennung, Egoismus, Freundschaften, Hochmut, Geschwister, Toleranz, Wohlstand, Freunde, Habgier, Erfolg, Angst, Mut, Karriere, ehrliche Partner, Unzufriedenheit, gute Beziehungen, Schönheit ...Na, was haben die Schüler wo eingetragen?

Nach den Präsentationen gab es lebhafte Gespräche miteinander. Die Schüler dachten über die Eltern nach und die Eltern staunten über ihre Kinder!

Beobachte bei anderen das Nein sagen!

In welchen Situationen wurde Nein gesagt?
Wie wurde darum gerungen, etwas zu verneinen?
Wo und bei wem wurde sich vorher Beistand geholt?
Wie viel Kraft wurde für das Nein investiert?
Was hat das Nein gebracht?
Was sagt das einstige Nein viel später?

Und nicht vergessen, es gibt nicht wenige Leute, die sagen „Ja", wenn sie „Nein" meinen!

Liebesobjekte her – Familie lieben

Liebe, was ist denn das? Liebe ist eine Ge-
fühls- und Denkzuneigung zum Partner, zu
den Kindern und...Tieren?
Tierliebe darf nicht zur Flucht vor Selbst-,
Nächsten-, Familien-, Feindes-, Heimat-,
Vaterlands- und Freiheitsliebe werden.
Denn oft steht man sich selbst im Wege
und ohne Eigenliebe wird Nächstenliebe nicht gedeihen.
Du darfst dir jetzt vielfältige Liebesobjekte zusammentragen und hin-
terfragen. Was ist denn im Leben wirklich nötig? Und bedenke:

„Wissen bläht auf. Liebe baut auf.“

Für erbauliche Gespräche erhältst du einige Tipps zum verbalen und
nonverbalen Kommunizieren. Auch Fragetechniken werden vorgestellt und mit spielerischen Aufgaben verknüpft, um Dank im Familienleben zu ernten.

An dieser Stelle sei knapp auf den Begriff Narzissmus verwiesen. In
der griechischen Sage verliebte sich der Jüngling Narzissmus in sein
Spiegelbild.
Mit Narzissmus wird ganz allgemein die Tendenz bezeichnet, auf ei-
gene Handlungen und körperliche Attribute unverhältnismäßig viel
Wert zu legen. Narzisstische Züge durchlebt jeder Mensch von seiner

Kindheit an. Grundsätzlich sei unterschieden zwischen *gesundem Narzissmus und einer narzisstischen Persönlichkeitsstörung.* Eine narzisstische Persönlichkeitsstörung kann sich ausprägen, wenn Eltern die Individualität des Kindes missachten, sie nicht akzeptieren und ihre Vorstellungen, Erwartungen und Wünsche im Kind durchzusetzen, um sich selbst im Kind zu verwirklichen. Hierbei wird der Selbstwert Heranwachsender unterdrückt und eine gesunde Eigenliebe wird gestört. (s.S.30 f. selbstbestimmtes Leben)

In einem Beratungsgespräch beklagte sich Alexa über ihre Schwester: „Sie denkt nur an sich, steht stundenlang vor dem Spiegel, überall will sie im Mittelpunkt stehen und die Beste sein. Ich bin ihr völlig gleichgültig. Oft denke ich dann an die Worte der Stiefmutter von Schneewittchen: ‚Spieglein, Spieglein an der Wand, wer ist die Schönste im ganzen Land?‘ "

Es gibt schöne Narzissen zum Verschenken. Narzisstinnen und Narzissten müssen für andere nicht schön sein! Du darfst dich fragen, ob du eine übertriebene Eigenliebe an dir wahrnimmst? Versuche jedoch nicht, anderen eine narzisstische Persönlichkeitsstörung zuzuschreiben. Du willst ja auch nicht, dass man dir unbegründet eine Störung unterstellt. Und eine gute Portion gesunder Eigenliebe soll sich jeder bewahren. Liebe dich sich selbst! Dann kannst du auch andere, deine Nächsten lieben.

Lasse nun deine Erinnerungen sprudeln und trage *Liebesobjekte* von deinen Eltern, deinen Geschwistern, deiner Partnerin/deinem

Partner, deinen Schwiegereltern, von Oma und Opa, Kindern oder Enkelkindern zusammen.

Eltern mit ihren Kindern einer 4.Klasse trugen gemeinsam zusammen, was sie lieben:
Antiquitäten, Autos, Ball, Bauklötzer, Berge, Bilder, Briefmarken, Beruf, Bücher, CDs, Ehrlichkeit, Familie, Garderobe, Garten, Gott, Handys, Hobbys, Hunde, Ideen, Katzen, Kinder, Märchen, Mobiliar, Musikinstrumente, Münzen, Nuckel, Partys, Pferde, Porzellan, Puppen, Schachspiel, Schmuck, Sprüche, Stille, Teddy, Treue, Gänseblümchen, Uhren, Wasser, Zimmerpflanzen, Zwergkaninchen...Dann diskutierten eifrig die Kinder mit den Eltern.
Und was sind deine Liebesobjekte? Gibt es Übereinstimmungen mit denen deiner Nächsten? Welche liegen dir ganz besonders am Herzen?

Führst du ein Gespräch mit dir noch unbekannten Personen, dann toleriere ihre Liebesobjekte und halte dich mit einem Urteil zurück. Hierfür zwei Beispiele zum Kennenlernen des Lebenspartners. Einer sagt: „Meine liebe Frau habe ich auf der Disco-Sex-Party am Ballermann kennengelernt." Und eine andere Person erzählt: „Wir lernten uns vor achtzehn Jahren in einem Gespräch über das Leben von Tristan und Isolde bei den Bayreuther- Wagner- Festspielen kennen."

Bevor du ein Gespräch beginnen kannst, musst du erst einmal auf den anderen zugehen. Bereits dein Gang wird stark dein Anliegen beeinflussen. Negativ oder positiv!

Teste doch einmal deine *Körpersprache im Gehen!* Das sollte zuerst in Gedanken geschehen und dann vor einem Spiegel. Einige Situationen sollen dein Gehen bestimmen:

Gehe auf den anderen zu,

- um deinen neuen Mantel zeigen…
- um einen Wunsch zu äußern…
- um einen Fehler zuzugeben…
- um eine harte Kritik zu äußern…
- um ein Ärgernis loszuwerden…
- um ein Missverständnis auszuräumen…
- um einen Streit zu schlichten…
- um sich zu entschuldigen…
- um über ein Liebensobjekt zu sprechen…
- um sich über Politiker aufzuregen…

Und wie erfolgreich war dein Gehtraining?

In einem Gespräch zu zweit sind die Distanz, *die Sitzhaltung* sowie die Stellung der Stühle zueinander von nicht zu unterschätzender Bedeutung.

Eine optimale Entfernung wird wesentlich von den Beziehungen der Partner bestimmt. Bei fremden Personen ist eine Gesprächsdistanz von 60 bis 150 cm günstig. Wenn eine fremde Person einen Abstand von 20 cm einnimmt, den anderen noch anfasst, kann das bereits als eine Bedrohung empfunden werden. Im Tierreich gibt es die Begriffe Flucht- und Angriffsdistanz. Begegnest du bei einem Spaziergang einem Schwan, wird er dich bei entsprechendem Abstand akzeptieren.

Gehst du weiter auf ihn zu, wird er seine Flügel weit ausbreiten. Dadurch macht er sich größer als er ist. Respektierst du das nicht, unterschreitest du seine Fluchtdistanz, wird dir ein Angriff schlecht bekommen.

Das Vergrößern kannst du auch bei Menschen beobachten. Sie stellen sich breitbeinig ganz gerade hin und stemmen ihre Hände in die Hüften und sagen sich: „Hier bin ich!" „Dein Liebesobjekt interessiert mich nicht!"

Bei sitzenden Gesprächen sollte man einiges beachten. Das beginnt mit einer offenen Sitzhaltung und nicht mit verschränkten Armen, weit nach hinten ruhendem Oberkörper und übereinander geschlagenen Beinen, vielmehr mit einer Kutscherhaltung.

Sei nun einmal ein Kutscher! Das Gesäß drückst du fest in die Rückenlehne des Stuhles und den Oberkörper neigst du leicht nach vorn. Die Oberschenkenkel werden leicht geöffnet und die Fußsohlen ruhen fest auf dem Boden. Dann werden die Unterarme locker auf die Oberschenkel gelegt und die Hände deuten an, dass sie die Leine halten. Mit einer entspannten Mimik schaust du dann in die Ferne.

Somit signalisiert der gesamte Körper Ruhe, Ausgeglichenheit, Offenheit, eben Gesprächsbereitschaft für alltägliche und außergewöhnliche Liebesobjekte.

Achte auch auf die Stellung der Stühle. Sitzt man frontal gegenüber, fühlt man sich gezwungen den Gesprächspartner ständig anzusehen. Es entsteht eine frontale Konfrontation. Stehen die Stühle im Winkel einer weit geöffneten Autotür, dann kann jeder dem Blick des anderen ausweichen. Und ein Unterbinden des Blickkontaktes ist zum Nachdenken, Besinnen, Suchen und Finden von Lösungen oft wichtig für ein erfolgreiches Gespräch. Der Partner wird dadurch erkennen, dass du ihn nicht bedrängst. Natürlich trifft das auch für stehende Gespräche zu. Dauern diese länger oder sind sie recht intensiv, bietet sich ein kleiner gemeinsamer Spaziergang an. Langsames Laufen kann Wunder bewirken! Beide können in die Ferne schauen, sich ansehen oder einfach schweigen. Das erleichtert auch das Verstehen von Liebesobjekten, die einem bisher irgendwie fremd waren.

Nun noch ein Blick in die Sprache des Körpers. Die Kenntnis und Nutzung der Körpersprache erspart manches Missverständnis. Sie ist nicht nur beim Sprechen über Liebesobjekte nützlich.
Aus deiner Kindheit kennst du vielleicht noch, wenn dir etwas erklärt wurde, die Worte: „Steh gerade!" „Sitze still!" „Zapple nicht!" „Siehe mich an!" „Setze dich ordentlich hin!" Dieses Thema soll helfen, die eigene Körpersprache zu betrachten, an ihr zu arbeiten und bei Gesprächspartnern nonverbale Signale rechtzeitig und treffend zu erkennen.

Die Körpersprache ist ein wichtiger Bestandteil der Kommunikation. Problematisch sind isolierte Deutungen, da diese zu Fehleinschätzungen führen können. Das gesprochene Wort und die Körpersprache sollte man als Ganzes in einer konkreten Situation betrachten.
Die Sprache des Körpers ist ein entscheidendes Mittel, um Meinungen überzeugend auszutauschen.

In der Regel geht einer verbalen Aussage eine Botschaft des gesamten Körpers, des aufeinander Zugehens, der Distanz, der Sitzhaltung, der Gestik und der Mimik voraus.

Wenn jemand über sein Geliebtes mit dem Sprechen beginnen will, kannst du eine Veränderung der Sitzhaltung, das Zurückziehen der Beine, das Aufrichten des Kopfes, die Aufnahme eines Blickkontaktes, ein leichtes Öffnen des Mundes oder ein Umschauen in einer Gesprächsrunde beobachten.

Da die Körpersprache meistens unbewusst abläuft, besitzt sie für den Wahrheitsgehalt eine Bedeutung. Körpersignale geben ehrlich Auskunft über die innere Verfassung. Dazu können gehören: Interesse, Sicherheit, innere Erregtheit, Freude, Angst, körperliche Erschöpfung, Desinteresse, ungenügende Konzentration, unverarbeitete Erlebnisse...

Natürlich bietet sich die gute Kenntnis der Körpersprache auch an, sich zu verstellen und ein guter Schauspieler zu sein.
Vermeiden sollte man ein bloßes Kopieren der Körpersprache, ohne zu wissen, ob sie zu einem passt oder nicht. Bilder strahlen Faszinationen aus. Das Hineinversetzen in die Psyche einer menschlichen Darstellung, sei es die Absinth Trinkerin von Pablo Picasso, die Mona Lisa von Leonardo da Vinci oder das Selbstbildnis von Albrecht Dürer aus dem Jahre 1498, hilft, das Bild und den Maler tiefer zu verstehen und sagt, ob die Ausstrahlung des Bildes zu einem passt oder nicht!

Das treffende **Decodieren der Körpersprache** ist bereits beim Betrachten geliebter Objekte und Verhaltensweisen sehr hilfreich, jedoch auch schwierig und kann recht mehrdeutig sein.

Dazu jetzt einige Körpersignale mit möglichen Bedeutungen. Die kursiv gedruckten können die „*richtigen*" Bedeutungen sein. Sie müssen es nicht sein!

Hierfür zum Beobachten einige Beispiele. Der Partner:

Hebt die Augenbraunen…

Skepsis, *Erstaunen*, Arroganz, Zweifel

Streichelt das Kinn…

Nachdenklichkeit, Unsicherheit

Runzelt die Stirn…

Entrüstung, Zweifel, Nachdenken, Enttäuschung

Kommt mit dem Oberkörper weit nach vorn…

Interesse, will unterbrechen, angreifen, ist müde

Ballt eine Hand zur Faust…

Konzentration, *Zorn*, Willensanspannung

Nimmt die Füße nach hinten…

Ablehnung, *Angriff*, Aufmerksamkeit

Wirft den Kopf ruckartig zurück…

Trotz, Selbstsicherheit, Desinteresse

Öffnet leicht den Mund…

Erstaunen, will unterbrechen, Selbstsicherheit

Reibt sich die Nase…

Nachdenklichkeit, muss niesen

Verschränkt die Arme vor der Brust…

Verkrampfung, *Unsicherheit*, Abneigung

Nimmt die Hand nach dem Sprechen vor den Mund…
Unsicherheit, *das Gesagte zurücknehmen*
Sieht den Partner häufig an…
Zweifel, fühlt sich überlegen, *Sympathie*
Legt die Füße um die Stuhlbeine…
Unsicherheit, *Halt suchen*, lenkt sich ab

Diese Einblicke zum nonverbalen Verhalten verdeutlichten, sehr bedacht mit der Körpersprache anderer umzugehen. Isolierte Deutungen und Interpretationen sind deshalb zu unterlassen. Du sollst vielmehr ermutigt werden, Körpersprache besser zu erkennen und wirksam zu nutzen. Wichtig bleibt die Echtheit!
Wie schwierig nonverbales Kommunizieren sein kann, solltest du einmal bei einer Feier oder einem Gartenfest mit Freunden und Nachbarn ausprobieren. Dazu zwei Angebote.

Jeder stellt pantomimisch den Umgang mit seinem geliebten Objekt anderen vor. Die Zuschauer haben dann herauszufinden, um was es sich handelt. Das könnte sein… ein Buch, eine Eigenschaft, ein Motorrad, ein Smartphone, ein Baby, eine Geige, eine Bierflasche, ein Kosename, eine Harfe, ein Choral, eine Dusche, eine Liebeserklärung, ein Syllogismus…

Die zweite Aufgabe eignet sich besonders für eine Wanderung mit Freunden, eine Klassenfahrt oder eine Exkursion des Kollegiums. Bei diesem Spiel können zehn und mehr Teilnehmer aktiv werden. Auf Karten schreibst du Sprichwörter. Es könnten sein:

Was du heute kannst besorgen, verschiebe nicht auf morgen.

Dem Glücklichen schlägt keine Stunde.

Die Katze lässt das Mausen nicht.

Hochmut kommt vor dem Fall.

Liebe geht durch den Magen.

Wie du mir, so ich dir.

Alles wird gut.

Lieber arm dran als Arm ab!

Der Mensch denkt, Gott lenkt.

Auf jeden Topf passt ein Deckel.

Morgenstunde hat Gold im Mund.

Jugend und Zucht bringt im Alter reiche Frucht.

Was Hänschen nicht lernt, lernt Hans nimmermehr.

Warum in die Ferne schweifen, das Schöne liegt so nah.

Stelle vor dem „Ernstfall" selbst einige Sprichwörter pantomimisch dar. Dann erkennst du bereits im Vorfeld mögliche Schwierigkeiten. Nun zum Vorgehen!

Die gesamte Gruppe wird aufgeteilt in Aktive und Zuschauer. Fünf bis sieben Teilnehmer stellen sich hintereinander in einer Reihe auf. Dem letzten Aktiven gibst du zum Lesen das erste Sprichwort. Er klopft auf die Schulter seines Vordermannes, damit er sich umdreht und sehen kann, wie ihm das Sprichwort pantomimisch vorgestellt wird. Hat er das gesehen, dann klopft er auf die Schulter seines Vordermanns, der sich ebenfalls umdreht...usw. bis der Vorderste die Botschaft erhält. Er muss nun sagen, wie das Sprichwort heißt. Dann stellt er sich an das Ende der Reihe und erhält von dir das zweite Sprichwort.

Wenn alle ein Sprichwort weitergegeben haben, dann sind die Zuschauer die Aktiven. Interessant ist, bei welchen Teilnehmern Nonverbales erkannt und richtig weitergegeben wurde, allerdings auch, bei welchem Teilnehmer Verluste eintraten.

Nutze bewusst deine Körpersprache, dann ersparst du Worte, die belasten können! Bemühe dich, in künftigen Gesprächssituationen nicht gleich etwas zu sagen, vielmehr zuerst die Körpersprache zu erkennen! Dabei kannst du erfassen, ob der andere unsicher, fröhlich, gut gelaunt, erregt, verschlossen, selbstbewusst, ängstlich, verärgert, gesprächsbereit ist oder seine Ruhe haben will. Lasse häufig zuerst den anderen zu Wort kommen und warte ab, in welchem Moment deine Gedanken das Gespräch beleben. Dafür zwei Thesen zum Nachdenken:

„Wer fragt, der führt." Oder: „Wer fragt, der verliert."

Ein wirksames Fragen wird vom Ziel bestimmt. Soll etwas rasch oder sachlich geklärt werden bieten sich geschlossene Fragen an. Wenn gefragt wird: „Lieben Sie Hunde?", dann gibt es nur drei Antwortmöglichkeiten: „Ja", „Nein" oder „Ich weiß es nicht". Wie schwierig das Fragen sein kann, zeigt folgendes Spiel aus einer Fortbildung mit Schulleitern.

Zwei bis…Paare setzten sich in den Innenkreis, die anderen als Beobachter in den Außenkreis. Allen wurde gesagt: „Welche

Lehrereigenschaft lieben Schüler?" Das erste Paar sollte sich nun flüsternd auf eine Eigenschaft einigen. Die Beobachter hatten nun „die beliebte Lehrereigenschaft" zu erfragen. Es durfte nur mit einem „Ja" oder „Nein" geantwortet werden. Im Zweifelsfall sollten die Befragten sich still einigen. Damit ein Ende festgelegt ist, erhielt jedes Paar ein Gefäß mit fünf Steinen. Bei jedem „Nein" musste ein Stein auf den Fußboden gelegt werden. Dann wurde das nächste Paar befragt. Es dauerte eine Weile, um die Fragen so gezielt zu formulieren, damit mit einem klaren „Ja" oder „Nein" geantwortet werden konnte.

Zum Beispiel: „Zeigt sie sich auch im Umgang mit Kollegen?" „Sehen das die Eltern auch so?" „Besitze ich sie auch?"

Probiere das *„Ja/Nein - Fragespiel"* in einer geselligen Runde mit mindestens sechs Teilnehmern aus. Dafür erhältst du mögliche Fragen:

- Wie ist eine gute Familie?
- Wie sind Rabeneltern?
- Worüber streiten sich Eltern?
- Was erwarten Eltern von den Kindern?
- Was wünschen sich Kinder von den Eltern?
- Wie sollte ein vernünftiger Vater sein?
- Wie ist eine liebe Mutter?
- Wie sind besonnene Großeltern?
- Wie sollte eine Freundin / ein Freund sein?
- Was verbindet Geschwister?

Bei jenen Fragen werden fast so nebenbei Werte, bisher unbekannte Probleme und nötige Aufgaben einer Familie angesprochen. Und welche Fragen bewegen dich jetzt?

Offene Fragen dagegen wollen etwas erkunden. Es gibt hier wenig klare Aussagen, vielmehr Erklärungen und es wird erzählt. Wie habt ihr das erlebt? Wie fühlt ihr euch? Wie könnte man das erklären? Wie war es im Urlaub? Wann, wo und wie habt ihr euch kennengelernt?

Es gibt auch Situationen, in denen man auf eine Frage eine Gegenfrage stellt. Besonders dann, wenn man sich selbst nicht äußern will und der andere selber eine Antwort finden soll!

Dazu einige **Fragen und Gegenfragen**:

„Warum hörst du mir nicht zu?"   *„Wie kommst du darauf?"*

„Warum greifst du mich ständig an?" *„Musst du das nicht selber wissen?"*

„Warum sprichst du immer nur über dich?" *„Wie ist denn das bei dir?"*

„Warum dramatisierst du das?"   *„Worauf willst du überhaupt hinaus?"*

„Was soll ich denn noch machen?"   *„Ist das nicht dein Problem?"*

Eine gute Gegenfrage mobilisiert persönliche Kräfte, schärft die eigene Reflektion und fördert die Selbsthilfe. Bei Sachthemen und Verhaltensweisen sind Gegenfragen nützlich.

Weitere Fragen mit ihren Berechtigungen und Wirkungen kannst du dir selbst veranschaulichen. Ach, wie wäre es mit einer Familienstunde oder mit Freunden?

Du fragst einfach: „Welche Fragen gibt es denn überhaupt?"
Derjenige, der eine Frage nennt, notiert diese auf einer Karte. Dazu können gehören: Einstiegsfrage, Motivierungsfrage, Impulsfrage, Ergänzungsfrage, Suggestivfrage, eine rhetorische Frage, Echofrage, Gewissensfrage, eine provozierende oder wohlwollende Frage, eine Fangfrage, Alternativfrage, Verständnisfrage, Rückfrage, Gegenfrage, Kontrollfrage, Abschlussfrage und andere.

Die Karten werden jetzt für alle gut lesbar ausgelegt. Nun gilt es, gemeinsam für jede Frage eine wortwörtliche Formulierung zu finden. In dieser Gesprächsrunde wird deutlich, wer welche Fragen bevorzugt und ganz nebenbei, welche Themen dir, der Familie und den Freunden so richtig bedeutsam sind. Natürlich auch, was mehr befragt und hinterfragt werden muss!
Diskutiert zum Schluss, welche Fragen angenehm und hilfreich waren! Die Entscheidung, welche Frage ist gut und welche ist schlecht, hängt von dem beabsichtigten Ziel ab. Sollen die Fragen dem anderen helfen, sein Problem selbst zu lösen, sollte man eine Frage nach der anderen stellen.

Jedoch, wenn ein Journalist einen Politiker in die Enge treiben will, dann wird er ihm nicht viel Zeit zum Nachdenken geben, sondern ihn verwirren.

Zum Beispiel: „Glauben Sie wirklich, die Wähler mit Ihren Versprechungen überzeugen zu können? Sie wissen doch genau, dass bereits eigene Parteimitglieder eine andere, sogar neue Partei wählen! Und wie ist das mit den Korruptionsvorwürfen? Sie schüren ja geradezu Politikverdrossenheit!" Das ist bereits eine *Verwirrtechnik.*

Oder zum geliebten Kind: „Wie willst du das Abi schaffen? Ich habe dir schon immer gesagt, dass du gewissenhafter arbeiten musst, damit du zu ordentlichen Ergebnissen kommst und dich nicht immer darauf verlässt, es wird schon klappen, auch wenn du genau weißt, dass du im Leistungskurs deutliche Probleme hast! Vom Lernen ist noch Kopf geplatzt. Da helfen auch nicht deine Medikamente zur Leistungssteigerung! Kapiert?"

„Höre jetzt sofort auf, unsere Tochter ständig zu maßregeln!

Sie will sich finden. Mit deinen ständigen Ratschlägen und Verboten erreichst du gar nichts. Dir ist es auch nicht recht, wenn man ständig deine Sachen durchsucht. Du brauchst dich nicht zu wundern, wenn sie eines Tages das Haus verlässt! Sie lernt erfolgreich und hat gute Freundinnen. Und das Ausfragen nach Telefongesprächen geht ihr auf die Ketten! Wie sind denn deine Eltern mit dir umgegangen, als du 16 warst? Du schürst ja bei ihr Minderwertigkeitskomplexe!"

Und zum lieben Partner: „Du gehst nur deiner geliebten Arbeit nach. Wie es mir ergeht, interessiert dich überhaupt nicht. Die ganze Hausarbeit liegt auf meinen Schultern. Und dann erwartest du noch, dass ich auf dich stolz sein soll. So geht das nicht weiter. Ich mache ab heute auch das, was mir guttut. Ich bin dir ja nicht wichtig! Ich werde das nicht länger dulden. Mach doch, was du willst!"

Die ersten zwei Thesen *„Wer fragt, der führt." „Wer fragt, der verliert."* - seien durch eine dritte erweitert.

„Wer fragt, der gewinnt!"

Dazu drei Aufgaben: Die erste Aufgabe wird dich irritieren und kann auch liebgewonnen werden. Vielleicht beginnst du anschließend, die Zimmer deiner Wohnung zu vermessen. Die Familienmitglieder werden sich über dich wundern oder an dir zweifeln. Lasse dich nicht beirren! Bleibe beharrlich und beziehe die anderen einfach mit ein.

Ein Maler teilt dir folgenden Sachverhalt zu unterschiedlichen Zimmerformen mit. Das erste Zimmer hat die Größe von 2 x 8 Metern, das zweite von 3 x 7 Metern und das letzte von 4 x 6 Metern. Zum Tapezieren der Wände benötigst du für jedes Zimmer 40 Bahnen in der Breite von 50 Zentimetern. Fenster und Türen bleiben unberücksichtigt.

Jetzt brauchst du bestimmt einen Stift und Papier.

- Welche Fragen hast du sofort parat?
- Welche Fragen sind nötig?
- Was ist das Aha-Erlebnis?
- Und wem wirst du das Liebesobjekt zum Knobeln geben?

Die zweite Aufgabe eignet sich nicht nur für einen Kindergeburtstag. Aufmerksam schaut sich die Mutter ein- zwei- und dreimal im Zimmer um und sagt: „Ich sehe eine Farbe, die ihr nicht seht und das ist..."

Jetzt haben sich alle zu fragen, was die Mutter wohl meint. Wer es gefunden hat, darf dann die anderen fragen: „Ich sehe eine Farbe, die..." Bei diesem Spiel lernen die Kinder, sich Fragen zu stellen. Gleichzeitig schulen sie die Raum- und Personenwahrnehmung und stärken ihren Selbstwert, da der Weg von dem Suchen bis zum Erfolg nicht allzu lang ist. Und falls es doch einmal länger dauern sollte, darf mit den Nennungen von „kalt" und „warm" gelenkt werden. Ganz nebenbei wird hierbei auf das eine und andere Liebesobjekt verwiesen!

Und die dritte Aufgabe könnte aus dem Alltag kommen. Offene und geschlossene Fragen, Gegenfragen und Verwirrtechniken warten auf ihren Einsatz! Diese Aufgabe bietet sich auch für ein Rollenspiel an. Hierbei sollten verschiedene Strategien für das Kreuzfeuerverhör erprobt werden!

Dazu mögliche Anlässe: Du wirst als Lügner ausgegrenzt. Du wirst erpresst. Ein Diebstahl wird dir angehängt. Dir wird eine Verleumdung unterstellt. Du wirst als Kulturbanause degradiert. Dir wird Liebesunfähigkeit unterstellt. Oder...?

Beginne diese Gesprächsrunde einfach mit einem persönlichen Anlass. Sage: „Ich bin jetzt fix und fertig. So etwas ist mir in meinem Leben noch nicht passiert. Mein Bekannter, ihr kennt ihn doch, verlangt von mir, dass ich bei der polizeilichen Vorladung eine Falschaussage machen soll."

Wenn du alle drei Aufgaben mit Bravour bestanden hast, darfst du dir sagen:

„Wer erkennen will, der stellt Fragen."

Oh ja, was wäre das Leben ohne Liebesobjekte? Welche Liebesobjekte werden nicht angetastet, bis auf das Messer verteidigt, gehegt, gepflegt, erweitert, vertieft und verschenkt, mit anderen geteilt, verdrängt, abgeschafft oder neu entdeckt, gegönnt oder missgönnt und auf welche Liebesobjekte kann man gut verzichten und welche währen ewiglich? Wichtig sind Verhaltensweisen und das Miteinander!

Oh weh! Da muss noch was gesagt werden. Liebesobjekte hin. Liebesobjekte her. Die Liebe zueinander ist gewiss mehr, als das Flüchten in Liebesobjekte, die nicht verbal widersprechen. Zu diesen Fluchtobjekten gehören nicht selten: das Pflegen von Zimmerpflanzen, das Streicheln eines Tieres, das Wuseln im Garten, das Polierens des Autos, das tägliche Putzen der Wohnung und das ständige Klotzen auf das Smartphone.
Damit kann die Partnerin/der Partner vernachlässigt, eben zurückgesetzt werden. Und ein Bröckeln der Beziehung nimmt seinen Lauf.
Liebesobjekte werden gepflegt, wenn man sie immer wieder neu entdeckt, Fragen stellt und sich mit anderen an ihnen gemeinsam erfreut.
Füreinander da sein, Liebe üben, pflegen, eben Familie lieben – auch in schwierigen Situationen!

Das beginnt beim Staunen über die Blüte der „Königin Nacht" und reicht bis hin zu schulischen, beruflichen und familiären Ereignissen, Erfolgen und wahren Liebesbeweisen! Und wie ehrst du Mutter und Vater? Und wie ehren dich deine Kinder?

Kinder verstehen

Eltern, versteht eure Kinder! Ihr habt jetzt euer Leben. Das der Kinder währt länger. So Gott will!
Kinder spiegeln die Eltern. Ob sich die Eltern gerne im „Spiegel der Kinder" sehen, ist eine andere Frage. Denn sie sehen ihre Mängel und Stärken. Somit ist Konfliktpotential eine Bescherung, die erschüttern oder erbauen kann.

Kinder erleben das Vorbild der Eltern. Wie sie damit umgehen ist eine andere Frage. Kinder wollen sich selbst finden. Ein bisschen Abbild vielleicht doch, wenn auch erst später. Das Konfliktpotential liegt dann bei den Kindern. Es kommt nun darauf an, das Verstehen zu wagen, zu entdecken, zuzulassen und vor allem zu pflegen.
Eltern verstehen ihre Kinder, wenn sie erfolgreich ihren Weg im Sinne der Eltern gehen und vieles noch besser machen.

Eltern freuen sich, wenn ihre Kinder ihre Fehler nicht wiederholen und Erworbenes bewahren.

Das Verstehen der Kinder kommt ins Stocken, wenn Eltern mit bisher *unbekannten oder gar bereits befürchteten Situationen* konfrontiert werden. Das könnte sein:

Kinder stürzen von einer Katastrophe in die andere.
Kinder haben Freunde, die sie falsch beraten.
Kinder weichen den Fragen der Eltern aus.
Kinder finden nicht ihren eigenen Weg.
Kinder reden alles schön.
Kinder überschätzen sich.
Kinder flüchten vor sich selbst.
Kinder erbauen sich an Äußerlichkeiten.
Kinder shoppen ohne Sinn und Verstand.
Kinder konsumieren Alkohol und Drogen.
Kinder haben ihre Selbstkontrolle verloren.
Kinder achten und respektieren die Eltern nicht.
Kinder überschütten mit ihren Problemen die Eltern.

Dazu ein Blick in einen mit dem Füller geschriebenen Brief:

„Liebe..., wie du bereits geahnt hast, müssen wir jetzt erleben, dass du Recht hattest. Immer und immer wieder fragen wir uns, was haben wir falsch gemacht? Es fällt uns schwer zu sagen, es ist eben nun so, wie es ist. Aber was ist denn überhaupt richtig? Zum Vergessen geschieht in unserem Haushalt bereits das Flüchten in die alltäglichen Arbeiten. Dazu gehört das Putzen, Gießen, Waschen, Einkaufen und zu kurz kommen das Pflegen von Kontakten und vielfältigen Gesprächen... Oft fragen wir uns, wie haben wir das einst alles geschafft, als wir noch täglich zur Arbeit gefahren sind.

Und dann das ständige Denken an die Kinder. Wir trauen uns kaum, noch nachzufragen. Zu oft verstehen wir sie nicht. Oder sind unsere Bedenken selbst gemacht? Haben wir zu wenig Vertrauen zu unseren Kindern? Das ständige Rödeln mit den Sorgen zerknirscht unsere Seelen. Und wenn wir uns dann heftig streiten, fallen zum Schluss nicht selten die Worte, sorget nicht. Jedoch wir Alten haben unser Bestes getan.
Ich weiß, du hast auch Probleme mit deinen Kindern, deine Worte werden wir annehmen. In der nächsten Woche lassen wir unsere Kinder sprechen und hören in aller Ruhe nur zu. Ich rufe dich danach an. Also bis bald!"

Wie oft hast du dich schon gefragt, welche Fragen sich deine Eltern zu dir, deinem Partner, deiner Partnerin, deinen Kindern oder gar zu den Enkeln stellen?

Erinnert sei an einige lapidare Fragen:
Wie geht es euch? Seid ihr glücklich? Habt ihr Probleme? Können wir helfen? Was machen unsere lieben Enkel? Wie läuft es in der Schule, in der Ausbildung oder im Studium? Wie ist es an eurer Arbeit? Was habt ihr euch zum Wochenende vorgenommen? Fragen über Fragen. Kinder zu verstehen, ist nicht immer leicht. Und welche Fragen sind es, die dich berühren und die du schon lange erwartet hast?

Nun bist du einmal ein stiller ***Gast eines Familienabends***. Großeltern besuchten im Februar bei ihrem Sohn und seiner Frau ihre geliebten Enkelkinder Catharina, Lukas und Elisabeth.
Nach den üblichen Begrüßungsritualen begaben sie sich in das Wohnzimmer und begannen mit dem Kaffeetrinken. Mamas Obsttorten schmeckten köstlich.

Dann begann recht energisch der Opa: „Die heutige Jugend versackt nicht selten in den digitalen Angeboten, wird Opfer der Unterhaltungsangebote und Konsumgesellschaft. Christliche Verhaltensweisen und Traditionen werden ungenügend gepflegt. Manieristische Auswüchse verderben die Moral."

Darauf erwiderte Oma: „Da kann man auch noch weiter zurückblicken. Bereits 1000 Jahre vor Christi sagte man in Babylon: ‚Die heutige Jugend ist von Grund auf verdorben, sie ist böse, gottlos und faul, sie wird niemals so sein, wie die Jugend vorher, und es wird ihr niemals gelingen, unsere Kultur zu erhalten.' Und was bewirken heute die 10 Gebote?"

Worauf Opa nickte und dann wetterte: „Anstatt ein unredliches Leben zu führen, sollte jeder sich mehr selbst disziplinieren."
Darauf fiel ihm seine Frau ins Wort und verwies auf Platon: „Man soll seinen Kindern eine tüchtige Portion Zucht und Sitte hinterlassen, nicht aber Geld."

Aufgeregt fuhr Oma fort: „Wie gehen denn heute viele Jugendliche mit dem Geld um? Heute werden Seifenopern, nicht nur in den Medien, inszeniert. Spaßgesellschaften werden gepriesen. Wer arbeitet denn noch? Über Teamgeist wird geredet. Und wie ist das mit der Arbeitsdisziplin?"

„Na ganz so kann man das nicht sehen", mahnte Papa. „Ich erlebe an der Arbeit und in der Nachbarschaft viele Jugendliche, die fleißig lernen, diszipliniert arbeiten und ihre Ausbildung oder ihr Studium mit Bravour meistern."

Jedoch Mama fügte hinzu: „Alle zwei Jahre ein neues Handy oder wie sie heute heißen. Klamotten, Feiern und Saufen bis zum Umfallen. Über die Drogen, Dealer und Korruption möchte ich gar nicht sprechen. Und dann noch andere mit dem Auto gefährden. Das ist doch dann der sicherste Weg zur JVA. Und dann landet mancher noch mit unseren Steuern im BgH!" „Was ist denn das?", fragte Opa. Rasch wurde von zwanzigjährige Catharina im Smartphone gegoogelt. „BgH ist ein Besonders gesicherter Haftraum." „Oh ja, im Knast fühlt man sich eigentlich sicher", ergänzte Papa und er fuhr fort: „So ist es aber nicht, da kannst du von Häftlingen sexuell misshandelt, geprügelt und erschlagen werden! Und Drogenhandel läuft auch."

Es klingelte. Vor der Türe standen Jutta und Simon. Sie hatten das heftige Gespräch gehört. „Wir kommen von unsrem Sohn und wollen euch nicht stören!" „Kommt doch herein!", wurde von mehreren gerufen. Nach kurzem Hin und Her betraten die Gäste das Zimmer. Man rückte zusammen und tauschte, wie üblich, freundliche Worte aus. Bei der Frage: „Wie geht es euerm Sohn? Hat er eine Stelle nach seiner Assistenz-Zeit gefunden?" Bei diesen Fragen schauten sich die Gäste an und schwiegen. Nach einem tiefen Durchatmen erzählte Jutta: „Er lebt seit über acht Jahren mit seinem Freund Abdullah zusammen und sie arbeiten in einer Klink in Berlin. Sie wollen heiraten. Aber sein Freund will, besser kann und darf nicht. Seine Großfamilie lebt in Ankara. Obzwar für sie das Heiraten in Deutschland seit Juni

2017 legal ist und in einigen evangelischen Landeskirchen bereits kirchliche Trauungen erfolgen. Ist das im Sinne Jesus Christus?"

Mama schaute zu ihrem achtzehnjährigen Lukas und fragte: „Hast du schon alle Hausaufgaben erledigt?" Er nickte, streckte den Daumen hoch und lächelte: „Mathe 1." Dann begann er von der Schule zu erzählen: „Mir tut Kurt echt leid. Er gehört eigentlich zur Klassenspitze. Hat mehr Einsen als Zweien und keinerlei Unterstützung von den Eltern. Er ist nicht fleißig. Das Lernen fällt ihm leicht. Er ist auch ein IT-Experte. Die anderen gehen nur dann zu ihm, wenn sie was wissen wollen und Hilfe brauchen. Sonst wird er geschnitten und ausgegrenzt, weil seine Eltern einfache Leute ohne Wohlstand sind."

Simon schaut seine Frau an und sagt: „Wir wünschten uns eine gute Schwiegertochter und viele Enkel. Was haben wir in der Erziehung falsch gemacht? Und heute gibt es an 31 Universitäten 200 Professuren für „Gender Studies". Eben zur Abschaffung der traditionellen Familien! Das Projekt „Schule der Vielfalt" für Lesbische, Schwule, Bisexuelle und Transgender wird z.B. in NRW vom Ministerium für Schule und Bildung finanziell gefördert." (JF 39/20): www.schule-der-vielfalt.de / www.rosastrippe.net. / www.schlau.nrw

Die 29-jährige Enkelin Elisabeth griff nun wieder das Thema Schule auf. „Vorige Woche zwang mich gegen 16.00 Uhr ein Joint-Geruch, auf den Schulhof zurückzukehren. Hinter einem Busch saß ein Schüler der 9.Klasse. Er schaute mich nur an. Ich setzte mich zu ihm. Er rauchte weiter. Ich schwieg. Nach langer Zeit, gefühlt eine halbe Stunde, sagte er: ‚Ich will nicht mehr nach Hause. ' Was sollte ich sagen? Ich sagte nichts. Dann sprach er über seine Eltern. ‚Sie vertragen sich nicht mehr. Meine Schwester aus ihrer 11.Klasse wohnt schon bei ihrem Freund. '

Wissen Eltern, was sie ihren Kindern antun, wenn ihr Zusammenleben zerbricht? Wollen sie es überhaupt wissen? Oder flüchten sie vor sich selbst? Eine gute Kindheit haben sie gegeben. Und beim Erwachsenwerden ihrer Kinder versagen sie. Denn gerade jetzt, wo Kinder eine Freundin/einen Freund suchen, ist das Beispiel der Eltern besonders wichtig. Eben, wie man Konflikte löst, wie man sich immer und immer wieder zusammenrauft und nicht voreinander wegläuft. Übrigens, als ich zu Hause war, fragte mich mein Mann, wonach riechst du denn?“

„Wir Lehrer“, warf ihr Mann ein, „sind extrem gefordert. Das Bildungssystem versackt. Durchfall- und Abbruchquoten steigen. Für Studierunfähige werden Brückenkurse angeboten. Wir können die Elternpflichten nicht übernehmen. Wie viel intakte Familien gibt es denn noch? Jede dritte Ehe geht heute in die Brüche.“

„Das Heute möchte ich etwas relativieren“, meinte die Oma. Moment, diese Quelle habe gleich zur Hand. Ach ja, hier steht sie ja noch. Ich lese vor: ‚Wie kommen Kinder heute bei uns zur Welt? Mehr als 30% aller Kinder, die Tendenz ist steigend, werden derzeit von nicht verheirateten Frauen geboren. Auf 2,6 Geburten kam 1986 eine Abtreibung. Über ein Drittel aller Eltern werden geschieden, davon 40% in den ersten fünf Ehejahren. Über 60 000 Kinder pro Jahr werden dadurch zu Scheidungswaisen. ' Darüber sprechen DDR-Nostalgiker nicht. Aber die Erinnerungen…!"

Quelle: Heyl, W.: In Ellinger, Hardt, Schmidt, Bibelhilfe für kirchliche Jugendarbeit, Ev. Verlagsanstalt, Berlin 1989, S.13

Worauf die älteste Tochter Elisabeth zu bedenken gab: „Kinder verstehen ist nicht einfach. Und heute… Cannabis, Marihuana, Crystal Meth, Zeugnis rauchen und im Internet ‚Sexting'. Geht es den Kindern heute zu gut? Das zügellose Leben schürt die Gottlosigkeit. Muss ein materieller Mangel her? Und wo bleibt die Erziehung der Kinder mit christlichen Traditionen?"

Dann ermahnte Opa: „Es bringt doch nichts, Vorwürfe zu machen, wenn Beziehungen scheitern. Verurteilen ist leicht. Beistand ist nötig! Denn ein Begleiten in der Not ist hilfreich.
Woran zerbrechen Beziehungen? Waran mangelt es? Was fehlt? Sind es nicht gelebte Werte, Traditionen, Tugenden, Gewohnheiten, Rituale, die missachtet werden? Großfamilien sind bei uns Vergangenheit. Wie wäre es einmal mit einem Blick in die muslemischen Familien. Kinder haben dort einen ganz anderen Stellenwert. Sie stiften der Familie Sinn. Sie sind fester Bestandteil der Familienplanung. Ich weiß, dass das Leben in Parallelgesellschaften nicht einfach ist. Da läuft manches schief. Kulturelle Assimilation erfordert Toleranz und Respekt! Und dort, wo nur der Mammon regiert, die Islamisierung rasch marschiert!"

„In der Schule wollen wir für unsere Kinder nur das Beste", sagte Elisabeth und sie fuhr fort: „Habt ihr schon einmal bedacht, wie Kinder in China lernen? Unterricht von Montag bis Freitag von 7.30 bis 16.30 und für Begabte oft bis 21 Uhr, Ferien sind zum Lernen da, enormer Leistungsdruck, 45 Kinder in einer Klasse, Schulen mit über 3000 Schülern, frontaler Unterricht mit Drill und nochmals Drill."
Dann schaute sie sich kurz um und sagte: „Das kommunistischen Land mit seinen 1,4 Milliarden fleißigen und zusehends besser qualifizierten Einwohnern will Wirtschaftsweltmacht Nr. 1 werden.
Ich kann meinen Kindern immer nur sagen, strengt euch an! In Deutschland gibt es über 6 Millionen Analphabeten!
Und im letzten Elternabend mit Schülern wählte ich das Thema: ‚Wie erziehe ich mein Kind zum fleißigen Lernen?' Dazu fanden die Eltern rasch viele Beispiele. Dann präsentierten sie ihre Ergebnisse mit ihren Kindern in kurzen, recht lebhaften, Rollenspielen."

„Ist es aber nicht widersinnig, wenn Eltern, die beruflich eine hohe Verantwortung für Staatliche Schulen tragen, ihre Kinder in eine Eliteschule schicken und jährlich 40 000 € Schul- und Internatsgeld (SIG) zahlen?", fragte Oma. Worauf Jutta die Redensart hinzufügte: „Öffentlich Wasser predigen und heimlich Wein trinken."

Dann erhob Jutta das Weinglas und erzählte: „Unser Sohn beabsichtigt, sich mit einer Praxis selbstständig zu machen. Und sein Freund Abdullah ist von der Idee ganz begeistert. Denn die ständigen Zeitverträge empfinden sie als eine Belastung. Sie wollen Initiativen entfalten und ihr Leben in die eigenen Hände nehmen."

Ihr Mann Simon fügte hinzu: „Das ist ja schön und gut. Wir haben oft über das Für und Wider gesprochen. Arbeitgeber zu sein, ist nicht einfach, da hat man eine große Verantwortung, denn Eigentum verpflichtet. Mitarbeiter oder eine Vertretung finden ist heute nicht leicht.

Die Integration der Emigranten dauert noch viel zu lange! Der Zustrom der Migranten ist unkontrollierbar. Die Kosten für die Sozialsysteme und Integrationsmaßnahmen belaufen sich bisher mindestens auf 200 Milliarden Euro! **(JF 22/20)** Deutschland wird ärmer."

Worauf Opa daran erinnerte: „Auf Betreiben der Päpste erfolgten in den Jahren 1096 bis 1291 sieben Kreuzzüge. 22 Millionen Menschen wurden grausam ermordet. Die Kreuzzüge haben viel Leid über moslemische Völker gebracht.
Und 1099 wurden 7 000 Juden und Muslime bei der Eroberung Jerusalems umgebracht. Und das vom christlichen Abendland."

Simon stand auf und bat um Entschuldigung, da er morgen um vier aufstehen muss, um einen wichtigen Termin in Frankfurt wahrnehmen zu können. Seine Frau bedankte sich für den Abend und schlug vor: „Wenn es euch recht ist, dann lade ich euch zu uns ein. Thilo Sarrazin hat bereits 2010 geschrieben, was auf Deutschland zukommt." „Ja, flüsterte Opa rein ‚Deutschland schafft sich ab.'"
Der Sohn schaute seinen Vater aufmerksam an, nickte ihm zu und sagte: „Sein Buch ‚Feindliche Übernahme' verdeutlicht die Bedrohung unserer Gesellschaft und Kultur. Bereits im Koran ist zu lesen: ‚Erschlagt die Götzendiener, wo ihr sie findet' (Sure 9,5). Und damit

sind wir gemeint! Nicht wenige verurteilen Sarrazin, ohne je ein Buch von ihm gelesen zu haben. Armes Deutschland!"

Es klingelte, Catharina sprang auf. Ihr Freund Hiob ist da. Er erzählte: „Die Autobahn war für drei Stunden gesperrt. Im Radio vernahm ich einen Polizeigroßeinsatz gegen Dschihadisten, die Anschläge planen. Ich bin froh, jetzt hier zu sein." Er fuhr fort: „Meine Eltern und auch ich haben die DDR überlebt und was nun? 4,9 Millionen Menschen flüchteten von 1945-1989 aus dem kommunistischen Machtbereich. Heute wandern Deutsche aus in die Schweiz, die Niederlande, nach Polen, Thailand sowie in die Türkei."

Hiob fragte: „Wie soll es den in Deutschland weitergehen? Wir haben nicht nur Kriegsflüchtlinge, Schleuserbanden verdienen mit Wirtschaftsflüchtlingen. Wann kommt das Islamrecht für Europa?" Catharina zitierte aus Goethes West-östlichen Divan: „Orient und Okzident sind nicht mehr zu trennen." Und dann triumphierte sie: „Oh ja! Dann gibt es weniger Scheidungen durch Polygamie."

„Da gibt es nichts zu lachen", konterte Hiob: „Was beängstig mich? Klimahysterie und Atomstrom aus Frankreich, Kohlestrom aus Polen, organisierte Linksextreme erhalten für Kämpfe und Demonstrationen vom Staat Geld, Diäten der Parlamentarier steigen, immer mehr Obdachlose - auch Minderjährige in den Städten, steigende Kinderarmut, Demokratie preisen und Unerwünschte diskreditieren, Berufsverbote und schlimmer als in der DDR, keine Meinungsfreiheit und Staatstrojaner schnüffeln und dann blutige Revolution für den demokratischen Sozialismus. Es geht um Macht und Machterhalt, anstatt Demokratie erfolgt eine repressive Politik."

Worauf Papa energisch ergänzte: „Die Volksparteien verlieren an ihrer Glaubwürdigkeit. Der Demokratische Sozialismus wird thematisiert. Haben die Ossis vergessen, dass sie einst mit den Worten ‚Nie wieder Sozialismus, Freiheit und Wohlstand' auf die Straße gegangen sind. Die Linke will demokratischen Sozialismus mit guter Arbeit, sozialer Sicherheit und Gerechtig-

keit. Die Gesellschaft soll demokratisiert werden, Frieden, Abrüstung, kollektive Sicherheit werden gepriesen. Das klingt paradiesisch! Und jetzt sind Altfunktionäre der SED parlamentstauglich und Stasi-Belastete?

Catharina sagte recht erregt: „Über Klimaerwärmung und Greta wird überhaupt nicht gesprochen, Greta ist mutig. Auch meine Zukunft ist bedroht!"
Lukas konterte: „Mit diesem Thema habe ich mich beschäftigt und kann dazu sagen: Klimawandel gab es schon immer. Die psychisch kranke Greta mit Asperger-Syndrom wurde skrupellos missbraucht und vermarket. Bereits vor 330 Jahren gab es in Europa eine kleine Eiszeit mit langen Wintern und recht kühlen Sommern. Das hat Pieter Brueghel 1604 in seiner ‚Winterlandschaft' gemalt. Und Grönland war einst Grünland und vor Jahrtausenden lebten in der Sahara Krokodile, Flusspferde sowie Elefanten!"

Opa haute mit der flachen Hand auf den Tisch und fragte energisch: „Was wollt ihr denn noch alles besprechen? Was Hiob nannte, ist doch allen bekannt. Eine Nachricht folgt der anderen. Hier hilft nur ein Besinnen auf christliche Werte und erlebte Traditionen, Aufstehen und Handeln."

Oma nickte: „Oh, ja, Familie haben - Dank ernten, Kinder, Kinder, was kommt auf euch - auch politisch - zu? Da wünschen sich manche Eltern, wenn es so weit ist, eine Sterbehilfe."

In die Runde schauend erzählte Opa nun ruhig mit klangvoller Stimme: „In Königsberg steht seit 1924 das Denkmal vom **„deutschen Michel".**

Der Bauer ist extrem muskulös, schultert einen Dreschflegel, sein kräftig ausgestreckter rechter Arm endet mit einer geballten Faust, er blickt energisch in die Ferne und seine Mütze verleiht ihm einen lieben Anblick. Oh ja! Er ist fleißig, geduldig, friedlich, gutmütig, hilfsbereit, ehrlich, lässt sich betrügen und skrupellos abzocken!

Seine Mütze symbolisiert sein Wesen, sein Verhalten, eben seine Schlafmützigkeit als deutscher Michel!

Da kann ich nur sagen, Eltern wacht auf, nehmt nicht alles hin, erzieht eure Kinder zum christlichen Verhalten, zur traditionellen Heimatliebe, zum Aufstehen und Handeln und nicht zum „deutschen Michel"!

Die Lehrerin Elisabeth lächelte Opa an, drückte das Grundgesetz an ihr Herz und summte die Melodie: „Einigkeit und Recht und Freiheit...". Dann standen alle auf und sangen mit voller Hingabe:

Einigkeit und Recht und Freiheit   Einigkeit und Recht und Freiheit
für das deutsche Vaterland!   sind des Glückes Unterpfand:
Danach lasst uns alle streben   Blüh im Glanze dieses Glückes,
brüderlich mit Herz und Hand!   blühe, deutsches Vaterland!

Nach einer Weile fragte Lukas: „Oma, Oma, ich als Jüngster dieser Runde, frage ich mich, was bewirkt die Corona-Epidemie bei den Menschen. Sind es auch die Fragen: Was braucht denn der Mensch zum und im Leben? Ist sie nicht auch eine Strafe für das sündhafte Leben? Öffnet sie Gottesfurcht? Das Tohuwabohu kommt erst!"
Worauf Oma dem Lukas sagte: „Ich blicke gerne in die Vergangenheit. Wie war es denn im Mittelalter? In Europa forderte von 1347 bis 1352 die Pest mehr als 25 Millionen Todesopfer."

Dann atmete Mama tief durch, schaute die andern an, stand auf und stellte dieses Bild auf das Vertiko. „So habe ich meinen Großvater gemalt als ich achtzehn war. Er hat mich doch immer verstanden, besser, er hörte mir zu. Oft erzählte er mir, es gibt so viele Dinge, Probleme und Ungereimtheiten in der Welt, die einem die Zeit nehmen, sich
selbst zu finden. Lasse dich nicht treiben. Tue das, was dir guttut. Und das mit voller Hingabe, sei es dein Flötenspiel oder deine Malerei. Schaue dabei nicht auf die Uhr. Die Zeit kann man nicht aufhalten. Genieße die Stille. Verweile bei dem, was dich erbaut. Sammle deine Kräfte für die tägliche Arbeit und setze sie dort ein, wo du auch deinen Nächsten hilfst.

Als mein Großvater das Bild zum ersten Male sah, sagte er zu mir, du hast dein Bild von mir gemalt. Ich habe große Hände und kann mit den Fingern weich und kräftig die Tasten anschlagen. Schaue dir das Bild an, wenn du mal nicht weiterweißt, dann führe mit ihm ein erbauliches Gespräch."

Nun blickte Mama in der Runde, lächelte Jutta und Simon an und sagte: „Ich freue mich auf den nächsten Abend bei euch. Wir werden über Sarrazins Worte sprechen und erleben, was sich leider noch viel schlimmer bewahrheitet. Seine Bücher erreichten Millionenauflagen. Und warum reagiert das deutsche Volk nicht? Was soll denn noch passieren… Denkmäler werden beschmiert! Kommen noch Bücherverbrennungen?"
Worauf Oma hinzufügte: „Nun haben wir genug gesprochen. Lasst uns vor dem Beten singen: „Herr, gib uns Mut zum Hören."

Vor dem Verlassen der Wohnung schaute Opa noch einmal in das Zimmer von Catharina. „Was ist denn das? Ein Eimer im Fensterbrett?" Seine Enkelin erzählte: „Ach, im Gartencenter des Baumarktes sah ich im Spätsommer eine große Pflanze mit rötlich schimmernden Blättern. Auf dem Preisschild stand: Rizinus, einjährig und 26,-€. Da pflückte ich drei Früchte ab. Sie sahen wie kleine Igel aus. Im Januar nahm ich dann den kleinen Eimer vom Vogelfutter. Aus Wellpappe habe ich kleine Blumentöpfe geschnitten, damit jeder Samen einen eigenen Wurzelbereich bekommt. Nun siehst du bereits fünf kleine Pflänzchen." Opa schmunzelte erst und sagte dann: „Aber du weißt, die Samen sind tödlich und als Waffe eingestuft!"

Lukas stand hinter seinem Opa, hielt die Leine in der Hand und streichelte den Bullmastiff ‚Aron‘. Opa drehte sich um und sagte: „Na, du hast heute gar nicht viel gesagt."

„Ja, was soll ich denn schon sagen. Man regt sich über die Politiker auf. Da streichele ich lieber Aron, er freut sich, ist dankbar und lieb. Jedoch, ist diese Zuwendung zu einem Tier eine Flucht vor der Wirklichkeit?

Und 2020. Unkontrollierte Einwanderung, Klimahysterie, Berufsdemonstranten, Lebenseinschränkung durch Corona, Schleusermafia, kriminelle Clans, Gewaltorgie in Stuttgart, junge Migranten richten durch Plünderungen einen Millionenschaden an und schreien: ‚Allahu Akbar!‘, ‚Fuck the police!‘, Antifa-Randalierer werden von Steuern bezahlt, brennende Autos in Berlin, Hamburg… Denkverbote…Deutschland steckt in der Krise! Steht ein Bürgerkrieg bevor? ‚Ist‘ nach Heraklit: ‚der Krieg der Vater aller Dinge?‘

In Deutschland sind rund 2,8 Millionen Eltern alleinerziehend. Die Anzahl steigt drastisch, jedoch die der Familien sinkt rapide. Weniger Enkel, weniger Nachfahren. Traditionen verkommen. 1872 malte Hans Thoma den „Kinderreigen". Ihm blieben Kinder versagt, er nahm ein Mädchen aus der Heimat an und zwei Enkelkinder vergoldeten seinen Lebensabend.

 Das Miteinander in einer Groß-
familie mit vielen Kindern ist an-
ders.

Jeder ist für den anderen da, man
nimmt am Nächsten teil in guten
und schlechten Momenten, hilft
einander und dies mit Liebe und
auch Strenge sowie Respekt vor-
einander. Sie pflegten dies mit christlichen Verhaltensweisen. Dazu
gehören das Morgen- und Abendgebet sowie das gemeinsame Tisch-
gebet. Alles geschah analog, Eine digitale Flut verwirrte sie nicht.

Traditionen, Tugenden bestimmten das gemeinsame Handeln. Nun,
ich als Jüngster meine, jedes Land sollte seine Religion, Traditionen
und Werte pflegen andere Länder respektieren.

Jedoch, war es früher besser? In Kriegen verloren Kinder ihre Väter,
Familien ihre Söhne und…"

Opa nickte, schaute Lukas staunend an und sagte erst nichts. Doch
dann: „Lukas, nichts bleibt so, wie es ist. Panta rhei! Auch die Integration muss gelingen. Das Asylrecht wird missbraucht, die Anzahl
der Einwohner mit Migrationshintergrund steigt drastisch, jugendliche Migranten müssen bereit sein, sich zu integrieren. Oder Deutschland verkommt, schafft sich ab.

Politiker müssen das Hirtenamt für das deutsche Volk pflegen.

Und das deutsche Volk darf sich nicht sklavisch den Oberen unter-
werfen und muss selber denken, aufstehen und bestimmen!"

Aufgabenverzeichnis

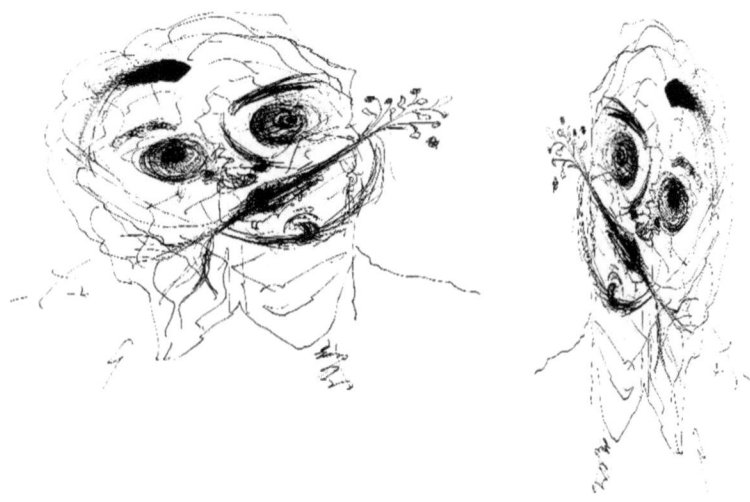

1. Schreibe an dich einen Brief zu dem Thema: **„Wie sehen mich meine Eltern?"**... S. 7

2. **In welchen Situationen hast du dich so verhalten, wie es die anderen von dir kennen?** und **In welchen Situationen hast du Verwunderungen ausgelöst?** ...S. 8

3. Zeichne dich in einer Frontal- und einer Seitenansicht. In die eine Zeichnung schreibst du: **„So bin ich!"** und in die andere: **„So werde ich gesehen!"**...S. 9

4. Diskutiere **Gesprächsthemen** mit den Eltern. Sprecht dann über andere Familiensituationen und bringt diese gemeinsam zu Papier...S. 9 ff.

5. Falls du dich für Kunst interessierst, dann verschaffe dir tiefere Einblicke zu **„boheme und diktatur in der ddr"** sowie zur **„Erfurter Ateliergemeinschaft"** S. 12 f.

6. Trage unterhaltsam in Familienstunden erlebte **Kinderwünsche, Elternängste und Elternerwartungen** zusammentragen und führe bedachte Gespräche…S. 17

7. **Bedenke einmal deine erfüllten und versagten Wünsche**…S. 18

8. Notiere dir deine **persönlichen Wünsche für das nächste Jahr** mit einem „Passwort" für den Briefumschlag…S. 18

9. **Zeichne ein Porträt von der Mama und eins vom Papa.** Schreibe dann zu den Augen, Ohren, zum Mund und auf die Stirn die Ängste, die sie sehen, hören, ansprechen und denken…S.19 f.

10. **Frage dich, haben deine Eltern berechtigte oder übertriebene Ängste?**… S. 20

11. **„Welche Verhaltensweisen erwarten deine Eltern von dir?"** Nutze die Aussagen der Schüler für ein Gespräch mit den Eltern…S. 22

12. **Setze dich mit deinen Verhaltensweisen auseinander!**

Nutze hierfür den Umriss deiner Hand und bitte andere, dies auch zu tun...S. 23 f.

13. Recherchiere zum Leben der „Tochter der Pflicht" weitere Informationen. Diskutiere dann darüber im Familienkreis, vielleicht auch mit ganz unterschiedlichen und fremden Personen...S. 24

14. Nutze für eine Familienstunde oder den Freundeskreis das „Stumme Schreibgespräch" zu dem Thema: „Ich hasse mich." und dann mit der „Stillen Post" „Ich liebe mich."...S. 26 ff.

15. Debattiere mit alltäglichen und ausgefallenen Beispielen in der Familie philanthropisches und misanthropisches Verhalten...S. 28 f.

16. Provoziere unterschiedliche Personen mit der Frage: „Möchtest du mit dir zusammenleben?"...S. 30

17. Schaue in den Spiegel und begründe ganz für dich: „Warum darf ich mich lieben?"...S. 30

18. Selbstbestimmten Leben mit zwei recht unterschiedlichen Situationen in der Familie oder woanders vorlesen und zum Diskutieren nutzen ...S. 30 f.

19. Erlebe in „verrückten Situationen" mögliche Gedanken der Eltern und trainiere hierbei deine Selbstsicherheit...S. 32 f.

20. Trage in einem Abend mit den Eltern und Bekannten zusammen: „Was wird in der Familie falsch gemacht?" Nutze dann auch die weiteren Fragen! ...S. 34 f.

21. Nutze Erinnerungsstücke deiner Vorfahren für Familienstunden. Überdenke dann dein jetziges Leben und erinnere dich an die gelebten geistigen, kulturellen sowie religiösen Werte der Groß- und Urgroßeltern ...S. 38 f.

22. Debattiere in der Familie mit Kindern, mit den Eltern und Großeltern „Traditionen und Tugenden aufgeben oder pflegen?"...S. 39

23. Stelle die Management-Strategien vor. Erzähle hierfür das Verhalten des Karpfens, des pseudo- erleuchteten Karpfens, des Hais und des Delphins in chaotischen Systemen. Diskutiere dann das Leben im Mangel und Überfluss...S. 39 ff.

24. Die „Sieben (westlichen) Todsünden" von Gandhi lebhaft im Familienkreis, mit Bekannten und ganz fremden Personen diskutieren...S. 41

25. Setze dich mit der Sisyphusarbeit auseinander und besprecht alltägliche sowie außergewöhnliche Beispiele...S. 44

26. Trage in einem gemeinsamen Abend die Geschichte von „**Julia du bist wunderbar**" und in einem anderen die von dem „**Autistischen Jungen**" vor und führe nachdenkliche Gespräche...S. 45 ff.

27. Prüfe deine **Störungen** und nutze diese als **Quelle deines Lebens**...S.52 ff.

28. Thematisiere in einer gemütlichen Runde den **Pygmalion-Effekt** und sprecht über selbst erlebte Situationen...S .54 f.

29. Setze dich mit **hilfreichen und störenden Aussagen** auseinander und vermeide Personenangriffe...S. 54

30. Fördere das gegenseitige Verstehen. Schlage hierfür vor, dass jeder auf einer Karte **eine Verhaltensweise notiert, die er nicht mag und eine, die für ihn wichtig ist**...S. 56

31. Debattiere in einer Gesprächsrunde: „**Ich störe, weil...und dann...**" Besprecht dann helfende Worte...S. 57 f.

32. Werde „**Meister im hilfreichen Stören!**" Gewinne in Gesprächen hierfür gute Partner...S. 61 ff.

33. Hole dir als „**Störenfried**" **Rückmeldungen** ein! ...S. 63 f.

34. Entdecke dich selbst und erzähle dann einer vertrauten und einer fremden Person dein **Selbstbild**...S. 66 f.

35. Teste dich mit dem stark modifizierten **DISG-Modell** von Marston. Stelle dein Produkt anderen vor, damit sie sich ebenfalls testen und besprecht dann denkbare und vielleicht auch nötige Veränderungen...S. 66 ff.

36. **Prüfe dich im praktischen Handeln** mit einer Partnerin/einem   Partner! Sprecht dann über eure Erkenntnisse...S. 69 f.

37. **Ach, wie fühlst du dich richtig wohl?** Öffne deinen Kleiderschrank, hänge im Zimmer fünf Kleiderbügel auf und stelle für unterschiedliche Begegnungen Kleidungen zusammen...S. 70

38. Betrachte deine **Eigen- und Fremdwahrnehmung** mit dem Johari-Fenster und arbeite an deinem „blinden Fleck"... S. 71 f.

39. Trage **Verhaltensweisen** zusammen**, die du unbedingt verändern musst** ... S. 73

40. Notiere für dich von den Eltern übernommene **Manieren**... S. 74

41. **Betrachte deine erlebte Führung** in verschiedenen Situationen, führe dazu mit Beispielen Gespräche und bedanke dich...S. 76

42. Achte den Wert von **Kritikern, Visionären und Realisten** im Arbeitsleben, in der gesellschaftlichen Tätigkeit und auch im Familienleben...S. 77 f.

43. Führe **Spiele zum Führen** mit ‚ausgefallenen Aufgaben‘ durch. Diskutiere dann, wer war **Promotor, Widerständler, Skeptiker oder Bremser...** S. 79 ff.

44. Thematisiere anschauliche Beispiele zum **Beobachtungslernen**! Denke dabei an dich, deine Eltern, deine Partnerin/ deinen Partner oder auch deine Arbeitskollegen sowie die lieben Nachbarn...S. 83 f.

45. Prüfe deinen Umgang mit der Vergangenheit und der Zukunft, bespreche ihn mit Vertrauten sowie unbekannten Menschen und lebe in der Gegenwart, also im **„Hier und Jetzt"**...S. 87 ff.

46. Bedenke deine **Entscheidungen in der Selbstführung** zum Leben, Beruf sowie zum Gründen einer Familie und lasse andere hierbei zu Wort kommen...S .88 ff.

47. Bedenke Gründe für ein **tödliches, löbliches und himmlisches Verhalten.** Differenziere dann gemeinsam zwischen Schule, Familien- und Arbeitsleben...S. 91 ff.

48. Nutze als Realist in der Familie und vor allem im Arbeitsleben gezielt **Bremser** und **Beschleuniger**...S. 93

49. Thematisiere die **übliche Machhierarchie** und lasse Beispiele für **'gute Hirten'** nennen…S. 94

50. Nutze unterhaltsame **Spiele zum Führen** und sprecht über die beobachteten Erkenntnisse…S. 94 ff.

51. Trage Gründe zusammen: **„Warum lassen manche viel mit sich machen und andere lassen sich kaum etwas gefallen?"** Befrage dann auch andere…S. 95

52. Nutze für eine Familienstunde die Worte: **„Vertrauen ist gut, Kontrolle ist besser."** **„Kontrolle ist gut, Vertrauen ist besser".** Tragt dann gemeinsam erlebte Beispiele zusammen… S. 96 ff.

53. Praktiziere eine **erlebnisreiche Vertrauensübung**…S .97 f.

54. Entdecke aus dem Alltag, auch aus der Werbung, **Syllogismen** und gestalte selbst welche… S .98 ff.

55. Thematisiere **Manipulationen des Alltages** und festige deine **Selbstmanipulation**…S. 101 ff.

56. Arbeite an deinem **Nein- Sagen** und erinnere dich gelungene Reaktionen…S. 107 ff.

57. Provoziere andere mit „**Wissen ist Macht**", thematisiere dann „**Wissen ist wachsende Hilflosigkeit**" und diskutiere den richtigen Umgang mit dem Wissen…S .110 f.

58. Fülle das **Eisenhower-Diagramm** zum Familienleben und zu deiner Lebensplanung! Führe später mit bekannten und fremden Personen Gespräche…S. 111 ff.

59. Differenziere zwischen einem gesunden **Narzissmus** und einer **narzisstischen Persönlichkeitsstörung**! … S. 116

60. Trage **Liebesobjekte** zusammentragen und diskutiere die Bedeutung für das Leben…S. 116 ff.

61. Teste deine **Körpersprache im Gehen** und beobachte sie bei bekannten und fremden Personen …S. 118

62. Erkläre anderen die nonverbalen Wirkungen der Distanz, der **Sitzhaltung** und der Stellung der Stühle. Nenne dann Körpersignale, lasse die anderen decodieren und führe pantomimische Spiele durch…S. 118 f.

63. **Decodiere** treffend **Körpersignale** und führe dazu Spiele durch!… S. 122 f.

64. Entdecke und erlebe mit drei Aufgaben: „**Wer fragt, der führt.**", „**Wer fragt, der verliert.**" und „**Wer fragt, der gewinnt.** "…S.125 und 130 ff.

65. Führe hierfür das „Ja/Nein-Fragespiel" durch. Thematisiere geschlossene, offene Fragen sowie Gegenfragen! ... S. 126 ff.

66. Freunde dich auch mit dem Gebrauch von **Fragen und Gegenfragen** an...S. 127

67. Wage dann **Verwirrtechniken** zum Pflegen von Liebesobjekten und setze sie bewusst in deinem beruflichen und gesellschaftlichen Leben ein...S. 129 f.

68. Thematisiere frühzeitig und vor allem rechtzeitig in der Familie mit den Kindern bisher „**unbekannte** oder gar **befürchtete Situationen**" ...S. 135

69. Wähle **Segmente des Familienabends** zum Diskutieren aus! Z.B.: die heutige Jugend, Seifenopern, Homosexualität, Drogen, Versagen der Eltern, Studierunfähige, kulturelle Assimilation, Schule in China, Eliteschulen, Flüchtlingspolitik, Deutschland schafft sich ab, Dschihadisten, Nie wieder Sozialismus, Klimahysterie, Deutscher Michel, Einigkeit, Recht und Freiheit, Staatstrojaner, Corona-Epidemie, Scheidungen, Abtreibungen, Leben der Vorfahren, Allahu Akbar, Antifa-Randalierer, Nachtgedanken, nötige Integration, Hirtenamt   S. 136 ff.

70. Diskutiere den „**Deutschen Michel**"! ...S.146

FOTO: INKA LOTZ

Jahrgang 1943, Mittlere Reife in Eisenach, kirchliche Trauung 1966 und zwei Kinder. Arbeitete als Gebrauchswerber (Schauwerbegestalter), Lehrer, Fachberater für Kunst, Psychologe in Bad Salzungen, Eisenach und nach der friedlichen Wiedervereinigung in der Landeshauptstadt Erfurt sowie am ThILLM als Moderator für Schulleiter und Ausbildner für Beratungslehrer. Veröffentlichungen von Arbeitsergebnissen erfolgten u.a. in der „SchulVerwaltung" des Carl Link Verlages und im Online-Familienhandbuch.

Lothar Böttger

Gesichter betrachten.
Psyche nähren.

Durch freies Assoziieren
mit Bildern und Worten

ISBN: 9 783741 253386   132 Seiten

Ich bin stark und muss mich nicht kräftigen,
dann legen Sie das Buch bitte weg!

Ich muss meine Psyche nicht pflegen,
dann ist das Buch nichts für Sie!

Ich möchte mich fördern, selbst vorantreiben,
weiter entdecken und entfalten,
dann nähren Sie sich mit
diesem Buch richtig.

Lothar Böttger

Zeiten ändern sich,

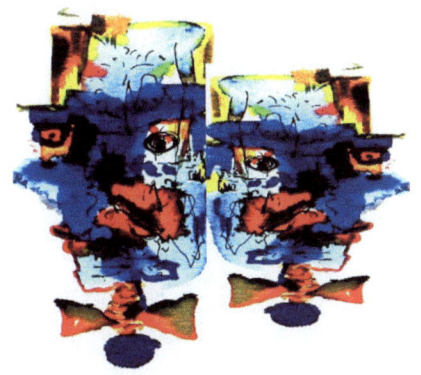

Träume nicht.

Bilder betrachten, Worte bedenken, träumen und handeln.

ISBN: 9 783744864329, 104 Seiten

Die Zeiten ändern sich,
jedoch die Träume der Menschen nicht.

Hierfür erfolgt ein knapper Blick in die Geschichte.

Die Bedeutung der Nacht- und Tagträume
für das seelische Gleichgewicht
wird hervorgehoben.

Bilder mit Worten zum Alltag regen zum Träumen, Nachdenken, Selbststärken,
Aufstehen und Handeln an.

Lothar Böttger

DDR überlebt

SED-Diktatur / Staatssicherheit / 17.Juni 1953 / Nationale
Volksarmee /DDR „Bild" Zeitung / Mauerbau / Kunstnischen /
Westpakete /Wiedervereinigung / Ostalgie

und was nun?

Armut und Reichtum / Flüchtlingspolitik / Religionen / Traditionen
/Politikerverhalten / Machtkämpfe / Manipulationen /
Volksverdummung / Hirtenamt

Mein Erfreuen, ja Erbauen beim Malen

ISBN. 9 783 749 471003 164 Seiten

Das Buch ist eine Auseinandersetzung
mit dem Leben in der DDR und in der BRD.

Eine Mischung aus Politik, Kunst, Religionen,
Traditionen und Psychologie
regt zur persönlichen Meinungsbildung an.

Hierfür gibt es vielfältige Informationen, Fragen, Aufgaben
und Ermutigungen zum Handeln,
die auch für Jugendliche und
junge Erwachsene nützlich.